MATEMÁTICA, ASTRONOMIA, BIOLOGIA E CUIDADO DAS ALMAS
OS JESUÍTAS E AS CIÊNCIAS

FRANÇOIS EUVÉ

MATEMÁTICA, ASTRONOMIA, BIOLOGIA E CUIDADO DAS ALMAS
OS JESUÍTAS E AS CIÊNCIAS

Tradução:
Constancia Egrejas

Edições Loyola

Título original:
Mathématiques, astronomie, biologie et soin des âmes – Les jésuites et les sciences
© Éditions Lessius, 2012
7, Rue Blondeau, 5000 Namur (Belgique)
ISBN 978-2-87299-226-3

Dados Internacionais de Catalogação na Publicação (CIP)
(Câmara Brasileira do Livro, SP, Brasil)

Euvé, François
   Matemática, astronomia, biologia e cuidado das almas : os jesuítas e as ciências / François Euvé ; tradução Constancia Maria Egrejas. -- São Paulo : Edições Loyola, 2024. -- (Coleção Nas pegadas do peregrino)

   Título original: Mathématiques, astronomie, biologie et soin des âmes : les jésuites et les sciences.
   Bibliografia.
   ISBN 978-65-5504-356-3

   1. Cristianismo 2. Jesuítas - História 3. Religião e ciência I. Título. II. Série.

24-203597   CDD-261.55

Índices para catálogo sistemático:

1. Ciência e fé : Cristianismo   261.55

Eliane de Freitas Leite - Bibliotecária - CRB 8/8415

Preparação: Marta Almeida de Sá
Projeto gráfico: Ronaldo Hideo Inoue
Capa: Ronaldo Hideo Inoue
Diagramação: Telma Custódio
Revisão técnica: Danilo Mondoni, SJ

Edições Loyola Jesuítas
Rua 1822 nº 341 – Ipiranga
04216-000 São Paulo, SP
T 55 11 3385 8500/8501, 2063 4275
editorial@loyola.com.br
vendas@loyola.com.br
www.loyola.com.br

Todos os direitos reservados. Nenhuma parte desta obra pode ser reproduzida ou transmitida por qualquer forma e/ou quaisquer meios (eletrônico ou mecânico, incluindo fotocópia e gravação) ou arquivada em qualquer sistema ou banco de dados sem permissão escrita da Editora.

ISBN 978-65-5504-356-3

© EDIÇÕES LOYOLA, São Paulo, Brasil, 2024

104705

SUMÁRIO

INTRODUÇÃO 9

I.   O ENSINO DAS CIÊNCIAS NO SÉCULO XVI 15
     A MISSÃO DE ENSINO 15
     O LUGAR DAS CIÊNCIAS NA ORGANIZAÇÃO DO ENSINO 16
     POR QUE ENSINAR CIÊNCIAS? 18
     MATEMÁTICA E FILOSOFIA NATURAL 20

II. CHRISTOPH CLAVIUS OU A DEFESA DAS
     CIÊNCIAS MATEMÁTICAS 23
     A VIDA E A OBRA 23
     A REFORMA DO CALENDÁRIO 24
     O ENSINO DA MATEMÁTICA 25
     A RELAÇÃO COM COPÉRNICO 27

III. GALILEU E OS JESUÍTAS 31
     A FORMAÇÃO DE GALILEU 32
     APOIO E PRIMEIRAS POLÊMICAS 33
     AS CONDENAÇÕES E SUAS CONSEQUÊNCIAS 35

IV. ATANÁSIO KIRCHER OU A CIÊNCIA TOTAL 39
     A VIDA, A OBRA E SUA AVALIAÇÃO 40

	UMA CIÊNCIA DE MUSEU	42
	EM BUSCA DA LÍNGUA UNIVERSAL	43
	UMA CIÊNCIA TOTAL	44
V.	ROGER BOSCOVICH, UM FÍSICO DO ILUMINISMO	47
	A VIDA E A OBRA	47
	UM HOMEM DO ILUMINISMO	49
	UMA TEORIA AMBICIOSA	50
VI.	A MISSÃO CIENTÍFICA NA CHINA (SÉCULOS XVI A XX)	55
	AS PRIMEIRAS ETAPAS	56
	A CONSOLIDAÇÃO APESAR DAS DIFICULDADES	59
	A MISSÃO FRANCESA	60
	APÓS O RESTABELECIMENTO DA COMPANHIA	64
	A CIÊNCIA JESUÍTA NA CHINA	66
VII.	DO CÉU À TERRA OU A AVENTURA DOS OBSERVATÓRIOS (DO SÉCULO XVI ATÉ NOSSOS DIAS)	69
	OS OBSERVATÓRIOS JESUÍTAS	69
	O OBSERVATÓRIO DO VATICANO	73
VIII.	A HISTÓRIA DA NATUREZA (DO SÉCULO XVI ATÉ NOSSOS DIAS)	77
	O INTERESSE PELO MUNDO VIVO	78
	UM MISSIONÁRIO DO OCIDENTE: JOSÉ DE ACOSTA	80
	UM MISSIONÁRIO DO ORIENTE: PIERRE LE CHÉRON D'INCARVILLE	84
	UM MISSIONÁRIO DO FUTURO: PIERRE TEILHARD DE CHARDIN	86
IX.	UMA CIÊNCIA JESUÍTA?	93
	AS LIÇÕES DA HISTÓRIA	93
	UM FUNCIONAMENTO EM REDE	95

O VALOR DA EXPERIÊNCIA	96
PRUDÊNCIAS EXCESSIVAS?	97
O SIGNIFICADO DE UM ENGAJAMENTO ATUAL	**100**
A FORMAÇÃO DOS ASTRÔNOMOS	101
AS QUESTÕES AMBIENTAIS	102
CONCLUSÃO	**105**
CONFIANÇA NA RAZÃO HUMANA	106
O ESPÍRITO DE PESQUISA	107
A PAIXÃO PELA UNIDADE	108
OBRAS E ARTIGOS CITADOS	**111**
ÍNDICE ONOMÁSTICO	**115**

INTRODUÇÃO

> A mecânica dos jesuítas foi ativa e poderosa,
> mas nada produziu de vivo; faltou-lhe,
> invariavelmente, o que para toda a sociedade
> é o maior sinal de vida, faltou-lhe o grande homem...
> Em trezentos anos, nenhum homem!
>
> JULES MICHELET,
> Des jésuites (1845)

Essa citação do célebre e influente historiador francês Michelet esclarece a maneira como era comumente abordada a ligação da Companhia de Jesus com a ciência moderna. Embora se creditasse aos jesuítas a contribuição no campo da educação, graças à vasta rede de seus colégios, a eles era atribuída mais uma função de reprodução ("mecânica") do que de invenção ("sinal de vida"). Defensores da tradição, fiéis pilares da ortodoxia eclesiástica, eles nada podiam trazer de substancialmente novo à aventura do pensamento moderno, cuja ciência constitui um componente fundador. Aqueles que queriam participar dessa aventura precisavam driblar um sistema rígido, apoiado na defesa do passado.

Poderíamos evocar alguns nomes de eruditos mais ou menos célebres, como Christoph Clau, também chamado "Clavius", Atanásio Kircher, Roger Boscovich ou, mais próximo de nós, Pierre Teilhard de Chardin. Suspeitava-se que esses religiosos fossem marginalizados dentro da ordem, mais ou menos perseguidos por uma Igreja à qual teimavam em pertencer. O "caso Teilhard" bastaria para ilustrar essa questão, pois certas críticas contrárias aos documentos persistem em vê-lo "condenado" pela Igreja.

Durante muito tempo, as pesquisas sobre as relações entre os jesuítas e a ciência eram limitadas aos apologistas internos da Companhia, destacando algumas grandes figuras que compunham o prestígio da corporação. A dimensão defensiva e justificativa prejudicava a objetividade dos trabalhos. Há algumas décadas, a situação mudou radicalmente. Trabalhando com os documentos esquecidos nos arquivos durante séculos, cada vez mais historiadores das ciências consideram que realmente existiu uma "ciência jesuíta", e não simplesmente alguns cientistas que pertenciam a uma ordem religiosa, e que essa ciência particular estava ligada a seu modo ao surgimento da ciência moderna[1]. Se a pesquisa científica não pertence como tal à missão da Companhia, que é de natureza religiosa, nem por isso ela lhe é alheia. Há certa conivência, talvez paradoxal, entre a espiritualidade inaciana e a ciência moderna.

Bastaram alguns números para mostrar a importância da prática científica, pelo menos nos primórdios da Companhia. Ela foi inegavelmente o primeiro grupo eclesial implicado com as ciências no início dos tempos modernos. Metade dos eclesiásticos, tanto seculares como regulares, envolvidos com a ciência nos séculos XVII e XVIII era composta de jesuítas, enquanto os efetivos da Companhia eram sutilmente inferiores às duas grandes ordens da época, que eram a dos franciscanos e a dos dominicanos, sem mencionar o clero diocesano. Num campo mais específico, mais de um quarto dos físicos que contribuíram com o eletromagnetismo no século XVII era formado por jesuítas. Nesse campo, segundo o historiador de eletrici-

---

1. Cf. Mordechai Feingold, *The New Science and Jesuit Science: Seventeenth Century*.

dade John Heilbron, a enciclopédia publicada por Francesco Lana foi "a análise mais completa e mais pertinente sobre eletricidade publicada no século XVII"[2]. E, de acordo com o historiador das ciências William Ashworth, todos os tratados importantes de óptica publicados nesse mesmo século foram escritos por jesuítas[3].

Mesmo fora do círculo dos especialistas, hoje se admite que os matemáticos jesuítas desempenharam um papel significativo no surgimento progressivo de uma nova ciência no início dos tempos modernos. Para se restringir aos trabalhos de vulgarização, é possível citar Pierre Thuillier, que reconhece essa contribuição, particularmente no campo da experimentação, em que os jesuítas deram "prova de originalidade", ou, num campo mais teórico, o fato de que, graças a eles, as disciplinas matemáticas se tornaram autônomas[4]. A influência sobre Galileu dos métodos praticados principalmente no Colégio romano foi amplamente documentada: foi aí que, "por iniciativa do padre Clavius, desenvolveu-se a ideia de medir quantitativamente os fenômenos físicos e utilizar a matemática para representá-los", afirma aliás talvez de um modo um pouco exagerado, Claude Allègre, suspeito de simpatizar com o clero[5].

De fato, acontece que o nascimento da nova ordem religiosa na metade do século XVI coincidiu com o período em que se esboçava uma nova representação do mundo. O livro *De revolutionibus orbium celestium,* de Copérnico, que apresenta uma cosmologia heliocêntrica atribuindo à Terra um movimento duplo, surgiu após a morte do seu autor em 1543. Foi preciso esperar as observações de Tycho Brahé (1546-1601), apresentadas ao público em 1588 em seu livro *De Mundi Aetherei Recentioribus Phaenomenis,* para que fosse acelerado o ques-

---

2. *Electricity in the 17th and 18th Centuries,* 190.
3. Cf. *Catholicism and Early Modern Science,* 154.
4. *D'Archimède à Einstein,* 167. [N. da T.]: Traduzido no Brasil como *De Arquimedes a Einstein,* pela Zahar, em 1994.
5. *Dieu face à la science,* 24.

tionamento da ciência de Aristóteles. As observações de Galileu publicadas em 1610 possibilitaram dar um passo a mais: a luneta dirigida para o céu revelava fenômenos inéditos, como a superfície irregular da Lua, a existência de satélites de Júpiter, as fases de Vênus ou uma quantidade maior de estrelas no céu, permitindo supor que o mundo era mais vasto do que se imaginava. O zelo de Galileu em defender o sistema copernicano provocou a reação bem conhecida das autoridades eclesiásticas: a inserção no Index dos "livros copernicanos" em 1616, e a condenação do próprio Galileu em 1633. Os debates se seguiram ao longo do século. Foi somente em 1687, com a publicação dos *Principia mathematica* de Newton (1642-1727), que o sistema heliocêntrico foi definitivamente adotado pelo mundo erudito.

Esses breves lembretes indicam que a transição não foi assim tão brutal quanto se imagina com o passar do tempo. A denominação comum de "revolução copernicana" revela a dimensão da mudança que ocorreu entre a metade do século XVI e o fim do século XVII. No entanto, a historiografia científica mais recente foi um pouco mais sutil no que se refere ao caráter gradual da transição: a novidade surgiu sobre um cenário de continuidade. As novas intuições se revelaram amparadas nas antigas categorias. É aí que uma reflexão sobre a ciência jesuíta contribui para se compreender melhor as questões da emergência de uma visão do mundo que ainda em muitos aspectos continua sendo a nossa atual. Existe realmente uma *tensão*, sobre a qual teremos a oportunidade de retomar, entre por um lado *a fidelidade a uma herança*, e por outro, a continuidade de uma tradição, *a percepção de uma mutação cultural sem precedente*, a intuição de Santo Inácio de que os tempos novos exigiam uma nova inteligência das coisas da fé e do mundo.

Não é possível abordar todas as questões relativas às atividades jesuítas no campo das ciências da natureza em um volume tão pouco extenso. O que parece importante destacar nesse percurso, por meio de algumas figuras e zonas de atividade, é a percepção de certa conivência entre o "modo de proceder" inaciano e a abertura de um espírito de pesquisa característico da ciência moderna. No limiar desse percurso, é oportuno lembrar as palavras de Teilhard que, ao descrever sua experiência vivida durante a Primeira Guerra Mundial, evocava "a paixão do desconhecido e do novo", levada pelo "eu" da aventura e da pesquisa, aquele que sempre quer ir aos limites extremos do mundo, para ter visões novas e raras, e para dizer que está na "vanguarda"[6].

A aventura apresenta riscos. Os impasses, os desvios, os erros foram inúmeros. Não faltaram adversários a esses pioneiros, mesmo junto à Companhia, para ser bem meticuloso. Mas este é, sem dúvida, o preço a ser pago para acompanhar a aventura humana. Talvez seja mais confortável se dedicar a uma "espiritualidade" interior, livre dos imprevistos do "mundo". Não foi o caminho escolhido por esses religiosos que sempre se esforçaram, de "ver Deus em todas as coisas", mesmo no funcionamento de um "universo infinito" que cada vez parece mais longe do "mundo fechado" no qual se desenrolava tranquilamente a religião de seus antepassados. Talvez, por meio desses comprometimentos profanos, uma nova face de Deus possa se revelar.

---

6. "La nostalgie du front", em *Écrits du temps de la guerre*, 174-175.

I
O ENSINO DAS CIÊNCIAS NO SÉCULO XVI

A Companhia é mundialmente conhecida como uma ordem de ensino. Embora essa não tenha sido a intenção inicial de seu fundador, Inácio de Loyola (1491-1556), ao colocar os primeiros pilares da futura ordem religiosa junto a alguns estudantes parisienses, os colégios logo ganharam importância, tanto no âmbito quantitativo como no aspecto qualitativo. No âmbito que nos interessa, os colégios foram determinantes para a formação das matérias científicas, para a difusão dos conhecimentos à medida de seu impacto sobre a sociedade culta de seu tempo, e para a pesquisa propriamente dita. Apesar das tensões entre a cosmologia clássica e a nova visão do universo, os colégios jesuítas não ficaram para trás na transição entre o mundo antigo e o novo. Vários personagens da ciência moderna tiveram nos colégios um primeiro contato com disciplinas pouco ensinadas em outros lugares.

A MISSÃO DE ENSINO

Com vistas à missão, Inácio de Loyola concedia grande importância à formação intelectual dos jesuítas: para se comprometer com um apostolado livre é preciso consentir à estabilidade do estudo. Não pretendemos aqui promover a história dos primeiros colégios, desde o fundado em Messina em 1548, passando pela "escola de gramática, de humanidades e de doutrina cristã" (1551), que logo depois se transformou no "colégio romano", precursor da atual "universidade gregoriana". Basta lembrar dos números de seu rápido crescimento: 180 em 1579, 293 em 1608, 612 em 1710, na Europa, o que mostra a importância desse setor e o fato da Companhia ter se tornado a primeira ordem a considerar a educação como algo fundamental.

O que está em jogo nessa formação é antes de tudo a "doutrina cristã". Para os jesuítas, o fim da formação é o estudo da teologia. Como na universidade medieval, e em especial na de Paris, onde Inácio estudou e a qual tomou como modelo para estruturar a trajetória de formação, essa é precedida pelo estudo das "artes", isto é, da filosofia e de outras matérias, entre as quais, a matemática. As *Constituições* ressaltam que as matérias estudadas deveriam ser: "as humanidades de diferentes línguas, a lógica, a filosofia natural e moral, a metafísica, a teologia escolástica e positiva, e a Sagrada Escritura"[1]. A matemática não consta nessa lista, mas está presente no ensino, e sua importância era crescente, particularmente graças à influência de Cristoph Clavius, professor do Colégio Romano, ao qual o capítulo seguinte será consagrado.

O LUGAR DAS CIÊNCIAS NA ORGANIZAÇÃO DO ENSINO

Antes de relatar como foi o ensino de matemática nos primeiros colégios jesuítas, é preciso descrever a maneira como o ensino das ciências da natureza era concebido na universidade medieval.

De acordo com o "modo de Paris" (*modus parisiensis*) adotado por Inácio de Loyola, a teologia, como finalidade de todos os estudos e o

---

1. *Constituições*, nº 351.

auge de todas as ciências, é o fim, o desfecho da trajetória. De fato, é ela que chega mais perto do conhecimento que Deus tem do mundo.

As etapas que precedem o acesso à teologia estão reunidas em sete "artes liberais", organizadas em dois conjuntos hierarquizados; o superior é o *trivium* (gramática, retórica e lógica), e o inferior, o *quadrivium* (aritmética, geometria, música, astronomia). Estão a serviço da teologia, como lembra a *Ratio studiorum*, que a partir de 1599 regulamenta o ensino na Companhia:

> Uma vez que as artes liberais, assim como as ciências naturais, preparam as inteligências para a teologia e servem para seu perfeito conhecimento e sua prática, e também tendem para esse mesmo fim, o professor as tratará com o cuidado necessário, procurando sinceramente em todas as coisas a honra e a glória de Deus, de modo a preparar seus estudantes, e principalmente os nossos [os jesuítas], para a teologia, e sobretudo para movê-los no desejo de conhecer seu Criador (nº 207).

Portanto, a ordem é importante no percurso de formação. Nos colégios e nas universidades jesuítas, geralmente é o mesmo professor que acompanha os alunos em suas diversas etapas do itinerário filosófico. Isto dura três anos: o estudante começa pela lógica, antes de abordar a filosofia natural, ou seja, a "física" no sentido de Aristóteles, e a metafísica que faz a transição com a teologia.

Tradicionalmente, o que chamaríamos hoje em dia de "ciências" (matemáticas) estavam no nível inferior. Em Paris, até o Renascimento, o estudo das ciências era apenas um apêndice da filosofia, à qual estavam subordinadas. Naquela época, a cidade de Paris estava menos ligada à ciência do que as cidades da Itália e da Alemanha.

Quanto à formação, esta se fez a partir de obras de referência lidas e comentadas. Para o conhecimento da natureza que nos interessa aqui, temos os livros de Aristóteles: a *Física*, os tratados *Do céu*, *A geração dos animais*, os *Meteorológicos* etc. Temos de acrescentar aí os *Elementos* de Euclides para o professor de matemática, bem como, para a astronomia, o célebre tratado da *Esfera* de Joannes de Sacrobosco, obra do século XIII utilizada como manual de astronomia durante toda a Idade Média, editada e comentada até o final do século XVII.

POR QUE ENSINAR CIÊNCIAS?

Quais foram as razões que orientaram a importância do ensino da matemática nos colégios da Companhia? O próprio Inácio de Loyola era favorável ao ensino dessa disciplina. Em junho de 1555, ele escreveu ao reitor do colégio de Messina, Hannibal du Coudret, autorizando-o a dar cursos públicos sobre a "esfera" (a astronomia), já que "essa aula sobre a esfera ou a cosmografia não é indigna da proposta de nossos colégios"[2].

Uma primeira razão é o lugar das ciências no currículo de formação filosófica, conduzindo à teologia. As *Constituições* evocavam "as artes e as ciências naturais", isto é, a lógica, a física, a metafísica e a moral, bem como a matemática, que "nos limites convenientes ao fim proposto" intervieram na formação dos jesuítas. Essas disciplinas "preparam para a teologia e possibilitam um perfeito conhecimento e uma boa prática"[3].

A segunda razão é mais prática. Além dos debates filosóficos, é preciso organizar os territórios, construir canais, preparar longas navegações. Antes mesmo de especular sobre os movimentos do céu, a astronomia começa a se orientar pelas travessias oceânicas que se multiplicam graças à descoberta de novos mundos. Um

---

2. Carta de 20 de junho de 1555, citada por Antonella Romano, *La contre-réforme mathématique*, 59.
3. § 450 e 451 dos *Écrits* de Santo Inácio, 503.

CAPÍTULO I.
O ENSINO DAS CIÊNCIAS NO SÉCULO XVI

pouco mais tarde, tem início o interesse pelas plantas trazidas de terras longínquas, passíveis de conter propriedades medicinais. Sendo a principal rede educativa do mundo católico, os jesuítas se viram forçados a incluir tudo isso em seus ensinamentos. Alguns professores tinham especialidades técnicas. Por exemplo, um jesuíta de Toulouse, Matthieu Mourgues, se ocupava da inspeção do Canal dos Dois Mares, o que preocupava o padre superior da ordem. Além da solicitação dos poderes públicos, havia o interesse dos jesuítas pela ação prática. "Com as cátedras de matemática, a Companhia de Jesus foi um dos agentes mais potentes de legitimação da matemática aplicada."[4]

Um terceiro argumento se refere ao contexto cultural e social. À época, a curiosidade era grande na alta sociedade a respeito das "novidades", das "maravilhas" descobertas pelos cientistas. Isso ia dos fenômenos elétricos ou magnéticos aos animais exóticos, passando pelas polêmicas cosmológicas. Cultivando a arte do teatro, os jesuítas sabiam encenar essas curiosidades.

Sem dúvida, uma quarta razão é menos explícita, todavia não menos decisiva no que diz respeito à presença jesuíta nas mutações culturais. Inácio de Loyola e os jesuítas que vieram depois dele foram pelo menos sensíveis aos períodos mais criativos de sua história, ao contexto cultural de seu tempo, aos movimentos de ideias, aos grandes debates. Como destaquei, as primeiras décadas da história da Companhia corresponderam a uma mudança da concepção do mundo. A autoridade de Aristóteles foi questionada. O lembrete recorrente de que era preciso "seguir Aristóteles"[5], repetido como um *leitmotiv* nas declarações das Congregações Gerais dos jesuítas (equivalentes aos capítulos gerais das outras ordens) e dos superiores gerais, era um indício de que não era tão evidente assim. Embora fosse

---

4. Steven Harris, "Les chaires de mathématiques", in Luce Giard (ed.), *Les jésuites à la Renaissance*, 243.
5. *Ratio studiorum*, n° 208 (124).

bom que a formação se apoiasse nos antigos autores, que mostraram suas capacidades, era igualmente necessário que ela preparasse os estudantes para enfrentar os debates de sua época. Uma vez que a visão do mundo abrangia cada vez mais a linguagem matemática, era importante que os jesuítas, cuja missão se desenrolava no interior desse mundo, tivessem conhecimento dessas questões.

MATEMÁTICA E FILOSOFIA NATURAL

Voltemos a uma distinção cuja extensão atualmente temos dificuldade de compreender. "Física" e "matemática" são duas disciplinas distintas, que dependem de dois tipos de ensino. Naquela época (e até o século XVIII aproximadamente), a "física" fazia parte integrante da filosofia; era considerada "filosofia natural". Por um lado, distinguia-se da "metafísica", e por outro, da "matemática". Enquanto a "física" se interessa pelas causas dos fenômenos naturais, a matemática trata das essências abstratas, como as figuras geométricas. Os fenômenos celestes, por exemplo, são parte de um duplo procedimento: segundo Aristóteles, a "física" explica o movimento das estrelas e dos planetas por meio das articulações das esferas, e a matemática elabora os modelos geométricos que consideram as aparências.

Foi a tensão crescente entre as duas disciplinas que levou a uma mudança progressiva e a uma mudança de visão do mundo. Embora Aristóteles atribuísse grande importância à observação das coisas, o ensino da física ficava limitado aos textos antigos. Em compensação, a astronomia dava importância crescente à observação, especialmente graças ao dinamarquês Tycho Brahé (1546-1601). Cada vez mais surgiam conflitos entre o sistema do mundo apresentado por Aristóteles, que admitia entre outas coisas a existência de esferas impenetráveis, e as observações dos astrônomos. Uma maneira cômoda de resolver esses conflitos consistia em considerar as elaborações dos astrônomos "modelos" capazes de "salvar as aparências", sem pretender explicar a própria natureza do mundo.

A matemática não se aplica apenas às essências abstratas, "ideais", como a geometria, mas também à astronomia e à mecânica, que podemos considerar matemática "aplicada". Essas duas disciplinas têm tradicionalmente uma condição inferior; todavia, no século XVI começaram a ter mais relevância e adquiriram mais autonomia. Mais do que autonomia, talvez fosse preciso falar de conquista, porque a nova ciência era reconhecida como física matemática. Galileu foi o melhor intérprete disso quando declarou, no livro *Essayeur*, que o universo está "escrito em linguagem matemática, e os caracteres são triângulos, círculos, e outras figuras geométricas, sem os quais é impossível compreender uma única palavra".

Os filósofos aristotélicos opuseram vários argumentos a essa matematicidade do mundo, que podemos reduzir a três. A matemática trata de objetos abstratos (as retas, os círculos etc.), que são construções da mente humana, e, por essa razão não refletem a natureza, pelo menos terrestre (a natureza não é uma criação do homem). Em seguida, a matemática inclui a mecânica, que é a arte do tratamento das máquinas. Aí também o campo de trabalho não está ligado ao domínio da "natureza", mas ao domínio do "artifício", não do dado, mas do construído. Finalmente, a finalidade é mais utilitária do que contemplativa, o que para a sabedoria clássica constitui o objetivo da atividade do filósofo.

A resposta dos matemáticos traduz a mudança cultural. As oposições ao primeiro argumento são as experiências de Galileu: o estudo da queda de um corpo mostra que esta obedece a uma lei matemática. O movimento envolve a matemática. Sem dúvida, isso se refere apenas a uma classe particular de fenômenos, mas o desenvolvimento das ciências mostra que esse postulado é fecundo, pois cada vez mais fenômenos se enquadram nesse âmbito. Além disso, a matemática proporciona a essa visão do mundo um rigor e um grau de certeza inegáveis no procedimento filosófico clássico. Não se raciocina mais em termos de qualidades mais ou menos bem definidas, porém em quantidades mensuráveis. A consequência é o poder de transformação do mundo obtido pela mente humana, que controla a linguagem matemática. Quanto aos argumentos que depreciam o "artifício" ou o "útil", a resposta é a valorização da ação humana. O útil é o que favorece o bem da humanidade. A técnica não é uma atividade de escravo, como era o caso na Antiguidade, mas uma atividade de homens livres, criados à imagem do Criador do mundo.

Essa valorização do útil leva a uma abordagem pragmática do mundo, em que a ação transformadora sobrepujaria a contemplação? A metafísica que procura a permanência das essências sob a superfície móvel dos fenômenos está fadada a desaparecer? Compreendemos os receios dos "filósofos" formados pela doutrina da escolástica, herdeiros da sabedoria antiga, tomando progressivamente consciência de que a estrutura do mundo no qual foram formados estava prestes a desaparecer.

A nova ciência mostra a verdade? O conflito entre a natureza "verdadeira" do cosmos, como supostamente se apresenta na obra de Aristóteles, pilar do ensino filosófico, e a observação do astrônomo, exposta no ensinamento do matemático, podiam ser expressos em uma epistemologia dos "modelos" fictícios, mas à custa de algum "positivismo", se não pudermos mais considerar racionalmente os fatos observados. Em certo momento, o conflito se tornou tão forte que foi preciso escolher entre o mundo de Aristóteles e o novo universo matemático em vias de elaboração. Christoph Clavius se dedicou a promover o estatuto de sua disciplina, contra a resistência dos aristotélicos.

II
CHRISTOPH CLAVIUS OU A DEFESA DAS CIÊNCIAS MATEMÁTICAS

Várias referências já foram feitas diversas vezes a Christoph Clavius, professor de matemática no Colégio Romano, que arquitetou a evolução dessa disciplina, cujo ensinamento influenciou a reflexão de Galileu, como veremos no capítulo seguinte. Sua importância faz que lhe dediquemos um capítulo especial.

A VIDA E A OBRA

Christoph Clavius nasceu em Bamberg (na Alemanha) em 1537 ou 1538. Ele entrou na Companhia em 1555 e começou a lecionar em 1563, embora ainda não tivesse terminado sua formação teológica, o que era comum naquela época. A partir de 1594, passou a se dedicar inteiramente à sua Academia de Matemática. Morreu em 6 de fevereiro de 1612 em Roma.

Sua obra compreende cerca de vinte livros no campo da matemática (entre eles, o comentário dos *Elementos* de Euclides, em 1574; *Geometria prática,* em 1604; *Álgebra*, em 1608) e da astronomia (como o comentário sobre a *Esfera* de Sacrobosco, em 1570).

Como ocorreu muitas vezes em relação aos cientistas jesuítas, os julgamentos sobre sua obra eram muito diversos, oscilando entre a condenação e a reverência. Algumas vezes, foi acusado de plágio. Seu papel na reforma do calendário lhe valeu algumas inimizades. O cientista francês Pierre Gassendi (1592-1655), no livro *Biografia de Nicolas Claude Fabricius de Peiresc*, o considerou "o maior matemático entre os homens da Companhia de Jesus". Tycho Brahé também o admirava muito. A correspondência que ele mantinha com inúmeros cientistas comprovava sua reputação e a difusão de suas ideias.

De todo modo, suas contribuições para a pesquisa matemática não fizeram dele um cientista de primeira ordem. Sua preocupação era mais pedagógica, demonstrada pela clareza de suas análises. Sem alcançar "o nível daqueles que merecem e ganham a celebridade em virtude da importância de suas descobertas", ele foi "um dos melhores aliados dos progressos da geometria e mesmo da álgebra durante o período do Renascimento, que abrange o final do século XVI e o início do século XVII"[1]. São atribuídas a ele várias contribuições científicas pontuais. Por exemplo, no campo da álgebra, a proposta de um sistema de regras universais para a resolução de equação com a ajuda dos números "cossenos" (*cossiques*: antepassados dos desconhecidos x e y); no campo da geometria, contribuições quanto à trigonometria esférica.

A REFORMA DO CALENDÁRIO

Na história da ciência, Christoph Clavius ficou também conhecido por ser o principal contribuinte da reforma do calendário iniciada pelo Papa Gregório XIII. À época, havia a consciência de que o calendário juliano, adotado em 45 a.C., não era mais adequado, sobretudo para indicar a festa da Páscoa, fixada pelo Concílio de Niceia (325) no

---

1. Charles Naux, "Christoph Clavius, sa vie et son oeuvre", 337.

domingo seguinte à primeira lua cheia da primavera. Na verdade, o ano solar tinha sido um pouco abreviado desde a instauração do calendário. No início da era cristã, tinha 365,2422 dias, e no século XVI, 365,2419 dias. O calendário juliano, como o nosso atual, tinha 365 dias, e acrescentava-se um dia suplementar de quatro em quatro anos. No entanto, isso não bastava para compensar a lacuna: em 1582, o equinócio da primavera caiu em 11 de março.

Clavius foi incumbido de desenvolver o cálculo necessário para resolver esse problema. A tarefa era ainda mais difícil por causa dos laboriosos métodos de cálculo; ele a simplificou inventando a vírgula decimal, o que resultou em um livro de oitocentas páginas, *Novi calendarii*, editado em 1588, seis anos após a entrada em vigor do novo calendário.

Foi por meio de uma bula de Gregório III, *Inter gravissimas,* publicada em 24 de fevereiro de 1582, que se decretou que se passaria diretamente de 4 para 15 de outubro; esse mês foi escolhido por Clavius porque era o mês com menos feriados. A acolhida foi difícil. Algumas residências jesuítas foram danificadas pelos comerciantes que julgavam ter sido lesados em onze dias. Os países não católicos, protestantes e ortodoxos não adotaram a reforma, pelo menos não imediatamente (na Inglaterra, foi preciso esperar até 1752; e até 1918 na Rússia).

Não bastava compensar o atraso dos dias. Era também preciso garantir mais regularidade no futuro. Clavius propôs a seguinte regra: conservar o princípio "juliano" do ano bissexto, exceto para os anos seculares não divisíveis por 400! Os cálculos, naturalmente, eram baseados no modelo geocêntrico do universo, supondo a terra imóvel no centro do mundo.

O ENSINO DA MATEMÁTICA

A principal preocupação de Clavius continuava sendo o ensino. Vimos no capítulo anterior sua vontade de promover e defender o ensino da matemática no Colégio Romano e em outros estabelecimentos da Companhia. Ele se preocupava em formar bons matemáticos porque compreendia a crescente importância dessa disciplina na cultura local. Para ele, era importante que "sempre que possível nas conversas e nos encontros com pessoas importantes, [os jesuítas] tivessem algo a dizer sobre a ciência, não se mostrando ignorantes em matemática. Caso contrário, seria necessário que ficassem calados nessas reuniões, para evitar vergonha e indignidade". Ele se lamentava que "mais de um professor de filosofia causou muitos erros por ignorar a matemática". Por isso, era preciso que o professor de matemática pudesse participar das conversas filosóficas.

Aliás, era preciso dar aos matemáticos os meios de desenvolver sua disciplina. Era necessário que eles pudessem se concentrar em seu ensinamento sem se dispersar com outras matérias, e sobretudo que fossem dispensados do ensino da gramática e pudessem seguir uma formação específica antes de ensinar. Por isso, Clavius propôs a criação de "academias privadas", onde se reuniam os jovens jesuítas que demonstravam ter capacidade para aprender essa disciplina.

A seu ver, o status da matemática devia mudar em relação ao esquema escolástico apresentado no capítulo anterior. Essa disciplina não ocupava o terceiro lugar, depois da metafísica e da física, mas o segundo, se considerarmos seu objeto, ou mesmo o primeiro, se considerarmos sua maneira de proceder.

Nos prolegômenos de sua tradução dos *Elementos* de Euclides, Clavius escreveu:

> Uma vez que as disciplinas matemáticas tratam de coisas que consideramos independentemente de qualquer matéria sensível, embora estejam na realidade mergulhadas na matéria, vemos agora que elas mantêm um lugar intermediário entre a metafísica e a ciência da natureza [a física], se considerarmos seu objeto [...]. O objeto da metafísica está na realidade separado de qualquer matéria, do ponto de vista da coisa e do ponto de vista da razão; o objeto da física, do ponto de vista da coisa

e do ponto de vista da razão, está ligado à matéria sensível. Do mesmo modo, quando se considera o objeto das disciplinas matemáticas fora de qualquer matéria, embora na realidade ele se encontre nelas, parece claramente que está interposto entre as duas outras[2].

O valor da matemática é também atribuído, e principalmente, ao rigor de suas demonstrações, que não admitem nada de falso nem mesmo de provável. É por isso que "não é possível haver dúvida em lhe conceder o primeiro lugar entre todas as outras ciências"[3]. Além disso, a geometria aparece como o fundamento das matemáticas, e é ela que possibilita decifrar o universo. Antecipando a célebre proposta de Galileu citada anteriormente, Clavius escreveu:

> Em suma, a imensa obra de Deus e da natureza, o mundo, em sua totalidade, é a tarefa e o serviço da geometria de submetê-lo ao olhar de nosso espírito, e de oferecê-lo à nossa contemplação[4].

A RELAÇÃO COM COPÉRNICO

Clavius administrou seu ensinamento numa época em que o sistema de Copérnico ainda era muito debatido. Para defender posteriormente sua memória, ele tenta angariar algumas simpatias copernicanas. Parece que não era realmente o caso.

Ele conheceu a obra de Copérnico, apreciava-a, porém estudava de modo crítico e minucioso, a ponto de apontar vários erros matemáticos. Sobre os postulados principais, sua posição era negativa. No comentário sobre a *Esfera* de Sacrobosco, ele escreveu que "Copérnico empregava hipóteses irracionais, para não dizer irrefletidas",

---

2. Citado por A. Romano, op. cit., 139.
3. Ibid.
4. Ibid., 141.

quando afirmava que o Sol estava imóvel no centro do mundo, que a Terra se movia e que esta se situava entre Vênus e Marte.

Clavius era aberto à discussão, mas contava com argumentos realmente demonstrativos. Isso fazia parte da sua concepção da matemática: o astrônomo não pode se contentar em construir hipóteses que ele sabe que são fictícias com o objetivo de "salvar as aparências". Sua crítica se aplica também ao sistema de Tycho Brahé. O historiador das ciências Michel-Pierre Lerner ressalta que ele é partidário da solidez das esferas celestes, a favor de Aristóteles e contra o parecer do dinamarquês[5]. De acordo com seu sucessor no Colégio Romano, Cristoph Grienberger (1551-1636), Clavius era contrário à mudança radical da astronomia, representada a seu ver pela hipótese emitida por Tycho Brahé, que colocava o planeta mais baixo que o Sol, e especificamente pela hipótese copernicana.

A cosmologia de Copérnico tem contra si mesma argumentos de peso, a opinião dos filósofos do passado (Aristóteles já havia refutado a mobilidade da terra), e talvez ainda o testemunho da Santa Escritura. No comentário à *Esfera*, escreveu: "O senso das Escrituras afirma em vários pontos que a Terra é imóvel e que o Sol e as outras estrelas se movem. Assim, lemos no Salmo 104: 'Quem colocou as fundações da Terra para que não ficasse desestabilizada'".

Portanto, não se deve subestimar a importância dos argumentos bíblicos na reflexão cosmológica de Clavius. O frontispício da edição de 1612 do 5º tomo de suas *Obras matemáticas* contém quatro medalhões representando cenas bíblicas. Trata-se em primeiro lugar da estrela de Belém (Mt 2,1-12), que lembra sua observação do que chamamos atualmente de uma "supernova", considerada naquela época uma nova estrela em um céu tido como imutável. Em seguida, está representado o arco-íris que segue o refluxo do dilúvio (Gn 9,13). Final-

---

5. Cf. "O problema da matéria celeste depois de 1530: aspectos da batalha dos céus fluidos".

mente, observa-se o vestígio de dois episódios que comprovam a estabilidade da Terra, extraídos do capítulo 20 do Segundo Livro dos Reis e do capítulo 10 do Livro de Josué. Esses dois textos tiveram um papel importante nas polêmicas referentes a Galileu. O primeiro relata o encontro entre o rei Ezequias, doente, e o profeta Isaías. Como sinal de uma promessa de cura transmitida pelo profeta, Deus faz "recuar a sombra sobre as posições que o Sol havia declinado" (2Rs 20,11). O segundo, que foi ainda mais utilizado, conta a batalha de Guibeon, durante a qual, para assegurar a vitória de Israel, Deus fez com que o Sol parasse e que a Lua se conservasse imóvel (Js 10,13). Se Deus parou o Sol, é sinal de que ele estava em movimento.

III
GALILEU E OS JESUÍTAS

As relações entre o personagem de Galileu e os eruditos jesuítas do seu tempo são uma questão altamente simbólica. Na realidade sabemos o peso que representava o "caso Galileu", que se tornou, junto à opinião pública, o símbolo da recusa da "ciência" pela "religião". Esse caso se revestiu ainda mais de importância, pois atribuía-se ao cientista florentino o feito da transição do mundo antigo, o mundo "fechado", segundo a expressão do filósofo Alexandre Koyré, para o universo da ciência moderna, o universo "infinito". De acordo com a ideia preconcebida, Galileu era ao mesmo tempo o símbolo da modernidade científica e o da oposição feita pela Igreja à sua instauração.

Durante muito tempo os jesuítas foram os vilões dessa história. O próprio Galileu acreditava que eles eram os principais responsáveis por suas dificuldades. No fim de sua vida, ele estava convencido de que eles eram seus perseguidores porque ele teria caído "em desgraça" com eles. É verdade que várias brigas com os jesuítas fizeram parte da vida de Galileu, principalmente após os processos de 1616 e 1633, mas estudos históricos recentes mostraram, entre outras coisas, uma sensível influência dos ensinamentos dispensados no Colégio Romano sobre a formação do pensamento científico.

Um ponto de divergência encontra-se no fato de que Galileu tenha querido instaurar uma "nova ciência" dando definitivamente adeus à cosmologia, e mais amplamente à filosofia aristotélica. Em contraposição, os jesuítas apareciam como defensores do mundo antigo, opondo-se tanto a Copérnico quanto a Galileu, que o defendia. Um exame mais apurado tempera o sentimento de ruptura. A física galileana inaugurou certamente um mundo novo, porém utilizando instrumentos antigos. Talvez Galileu tenha sido menos revolucionário do que pretendia, e os jesuítas, mais inovadores do que seus adversários desejavam.

A FORMAÇÃO DE GALILEU

Nascido em Pisa em 1564, Galileu começou a estudar medicina, que rapidamente abandonou para se voltar para as ciências matemáticas a partir de 1583. Por isso, entrou muito cedo em contato com Christoph Clavius, com quem se encontrou pela primeira vez em Roma em 1587. Sua primeira carta conhecida foi endereçada no ano seguinte ao matemático do Colégio Romano, no auge de sua reputação nessa época. Clavius lhe respondeu imediatamente, o que não era seu costume, sinal de que ele identificara o talento promissor do jovem de 24 anos. A correspondência só teve continuidade dezesseis anos depois (em 1604) a propósito da nova (estrela) que Clavius acabara de observar.

Galileu começou a lecionar em sua cidade natal em 1589, provavelmente recomendado por Clavius. Não se conhece muito sobre esse ensinamento, que devia seguir o currículo clássico, consistindo em comentar os *Elementos* de Euclides e a *Esfera* de Sacrobosco. Parece que Galileu se interessou igualmente pela filosofia natural, ou seja, pela leitura de obras de Aristóteles. Alguns manuscritos inéditos encontrados recentemente pelo historiador americano William Wallace demonstraram forte influência dos cursos administrados então no Colégio Romano pelos docentes próximos de Clavius na área da lógica, da astronomia e da mecânica (ciência do movimento). Supõe-se que Galileu tenha se apropriado de boa parte de sua filosofia a partir das notas dos cursos dados em Roma. Para compreender a novidade do pensamento científico galileano, temos de pesquisar sobre sua formação nos anos de juventude, quando foram dispostas as primeiras noções fundamentais.

Qual o objetivo desse procedimento? Antes mesmo de se interessar pela astronomia, Galileu quis orientar sua reflexão para uma comparação entre as ciências matemáticas e a física. De formação matemática, ele se considerava também um "físico", um filósofo da natureza. Contudo, diferentemente dos aristotélicos de rigorosa observância, sua abordagem do cosmos põe em prática a ferramenta matemática.

No campo mais formal da lógica, devemos citar a teoria da demonstração. A noção de "ciência" é a de um saber rigoroso. Em que medida o procedimento proposto por Galileu responde a essa exigência?

Seu modo de pensar se serve de hipóteses ou de suposições elaboradas por analogia que podem contradizer as representações habitualmente recebidas, até mesmo os princípios fundamentais, como a "perfeição" dos corpos celestes. O "salto" qualitativo dado não deve prejudicar o rigor do raciocínio e, portanto, o caráter científico da conclusão. No entanto, percebe-se que a noção de ciência se desloca: o rigor do raciocínio é acompanhado pelo recurso às hipóteses. Há um vaivém permanente entre o raciocínio formal e a observação. Galileu queria que a nova ciência fosse tão "certa" quanto a antiga e até mais. Desse ponto de vista, ele parece mais próximo da escolástica do que do ceticismo de alguns de seus contemporâneos. Mas, com sua maneira de fazer, ele abre caminho para um procedimento que sempre deverá voltar de modo crítico sobre seus fundamentos.

APOIO E PRIMEIRAS POLÊMICAS

Na trajetória científica de Galileu, uma etapa foi concluída em 1610 com a publicação do *Mensageiro celeste* (*Sidereus nuncius*), que relata de modo acessível ao público culto as observações feitas no ano anterior com a nova luneta. Três descobertas contribuíram para mudar a visão do mundo. Primeiramente, ele viu que a superfície da Lua era irregular, montanhosa, e não perfeitamente esférica como deveria ser qualquer corpo celeste segundo a astronomia oficial. Em seguida, Galileu observou as estrelas invisíveis a olho nu. Percebeu que a "via láctea" não era um *continuum* [conjunto homogêneo de elementos], mas também era composta de estrelas. Finalmente, a notícia mais importante na opinião de Galileu, foi a descoberta de quatro planetas em torno de Júpiter. Portanto, viu que eram os primeiros objetos celestes que não estavam de fato em rotação em torno da Terra. Galileu encontrava aí um argumento físico, mesmo indireto, a favor do sistema de Copérnico.

Dá para imaginar o transtorno causado por essa publicação. Johannes Kepler (1571-1630), para quem Galileu enviara um exemplar de seu livro, o apoiou. Outros o contestaram. Considerando a reputação do Colégio Romano, esperava-se a opinião de seus professores. Clavius, após ter feito suas próprias observações, era cético. Galileu tentou convencê-lo organizando uma sessão para os jesuítas de Florença. Então, no fim de dezembro de 1610, Clavius pôde refazer observações com melhores bases. Portanto, escreveu para Galileu a fim de lhe oferecer seu apoio.

O ano seguinte marcou o auge das relações positivas entre Galileu e o Colégio Romano. Ele foi recebido ali pela primeira vez em 30 de março de 1611, no dia seguinte à sua chegada em Roma. Em meados de maio, uma sessão solene foi organizada em sua honra. O cientista jesuíta holandês Odon van Maelcote (1572-1615) proferiu um discurso laudatório ao matemático florentino. Galileu se sentiu honrado, mas também um pouco decepcionado: ele esperava um apoio mais contumaz, principalmente a respeito da questão do sistema do mundo. Clavius usou de prudência. Talvez os argumentos teológicos evocados no capítulo II tenham desempenhado um papel, mesmo porque, sem dúvida no fim do ano anterior, um filósofo aristotélico, Ludovico delle Colombe, publicara uma dissertação em que refutara o sistema copernicano em nome das *Escrituras*.

O teólogo jesuíta e cardeal Roberto Bellarmino (1542-1621), que já havia se encontrado com Galileu, questionara os matemáticos do Colégio Romano a respeito das três descobertas publicadas no *Sidereus*, bem como em relação às duas descobertas mais recentes sobre a estrutura de Saturno e as fases de Vênus. A resposta deles é positiva no que se refere aos cinco pontos, com uma reserva de Clavius relativa à superfície da Lua.

AS CONDENAÇÕES E SUAS CONSEQUÊNCIAS

Fazia muito tempo que Galileu estava intimamente convencido da validade do sistema copernicano. Havia muitos indícios convergentes que derrubaram o mundo de Aristóteles. Na verdade, não existia nenhuma prova direta do heliocentrismo, pois não se tratava somente de uma mudança de cosmologia, mas de epistemologia: era a noção de ciência que estava sendo mudada. Não era mais possível proceder com base em princípios "evidentes" obtidos do "senso comum" (a imobilidade da terra), mas sim, com base em hipóteses que permitissem construir modelos submetidos à experimentação. Essas hipóteses continuaram sempre discutíveis, refutáveis e, portanto, passíveis de revisão.

Militante da causa copernicana, Galileu adquiria cada vez mais inimigos, tanto entre os matemáticos, muito conscientes dos problemas, quanto entre os filósofos, e de modo crescente entre os teólogos. Sem dúvida, ele cometeu a imprudência de querer debater sobre esta área, afirmando que os trechos das *Escrituras* que comprovavam a fixidez da Terra deveriam ser interpretados de modo simbólico, e não literal. Sua proposta se apoiava em Santo Agostinho, e hoje em dia demonstra que houve bom senso. Contudo, num contexto fortemente marcado por polêmicas com os protestantes e pelos decretos do Concílio de Trento (1545-1563) sobre a interpretação das Escrituras, a posição de Galileu parecia inoportuna. Se formalmente o argumento era válido, a tese que estava subentendida contradizia a interpretação unânime dos comentários escriturísticos.

O zelo de Galileu levou a Congregação do Santo Ofício a intervir em 1616. Os argumentos eram filosóficos e teológicos. A tese copernicana não podia ser aceita, e os livros nos quais ela era mencionada iam para o Index até ser corrigidos. Bellarmino aconselhara Galileu a ater-se apenas à astronomia, a não tentar provar que o modelo copernicano, aceito como "hipótese", expressasse a verdade sobre a estrutura do mundo. Para Galileu, bem como para um número crescente de "matemáticos", mesmo jesuítas, como vimos no primeiro capítulo, essa separação era cada vez menos aceitável. Entre "física" e "matemática" é preciso haver uma convergência.

O processo de 1616 contribuiu para atenuar ainda mais as relações entre Galileu e os jesuítas. Christoph Grienberger, que sucedeu Clavius, morto em 1612, não podia seguir Galileu tão longe, ainda mais porque, se os matemáticos tinham certa simpatia pelo sistema de Copérnico, não era o caso dos filósofos e dos teólogos. A postura do padre geral Claudio Acquaviva de aderir firmemente a Aristóteles impedia qualquer expressão pública de um real desacordo com sua cosmologia.

Outra polêmica viria anuviar ainda mais a situação. Em 1619 o jesuíta italiano Orazio Grassi (1583-1654) publicou uma obra sobre os cometas, baseando-se no sistema de Tycho Brahé. Galileu respondeu por intermédio de um ex-aluno, Mario Guiducci, com um texto publicado alguns meses mais tarde.

Contando com o apoio do papa Urbano VIII, Galileu publicou o *Diálogo sobre os dois grandes sistemas do mundo* em 1632. O livro foi avaliado pela Congregação do Santo Ofício, que emitiu um julgamento e o condenou à retratação. Ele acabou seus dias em prisão domiciliar vigiada em Florença, porém dando continuidade aos trabalhos científicos, particularmente os que diziam respeito ao movimento, que contribuíram para lançar as bases sólidas da nova ciência.

A partir desse momento, extinguiram-se as relações dos jesuítas com Galileu, que estava convencido (ou tinha sido convencido) de que eles eram aferrados inimigos. Sua animosidade era ainda maior, porque esperava muito o apoio de uma ordem que ele estimava ainda em 1615 "bem acima da cultura média dos irmãos"[1].

Galileu continuou até o fim copernicano, e a história lhe deu razão. Os jesuítas, independentemente de se sentirem confortáveis ou não com essa posição, tiveram de refutar o novo sistema do mundo e ficar do lado de Tycho Brahé, que mantinha a opinião de que a Terra era imóvel. Desconfiemos, todavia, da história escrita pelos vencedores, que proporciona julgamentos retrospectivos muito simplistas. O próprio Bellarmino, altivo defensor da ortodoxia teológica, em seus cursos ministrados na universidade de Louvain criticara Aristóteles e a cosmologia clássica. Clavius incorporava Copérnico em seus trabalhos astronômicos (embora rejeitando seu sistema do mundo). Sem ser propriamente dito inovadores, os jesuítas do Colégio Romano contribuíram para abrir uma brecha no "mundo fechado".

---

1. Carta a Dom Pietro Dini datada de 16 de fevereiro de 1615, citada por A. Fantoli, 139.

IV
ATANÁSIO KIRCHER OU A CIÊNCIA TOTAL

Os processos de Galileu tiveram grande impacto sobre o desenvolvimento da ciência na Itália, particularmente nos estabelecimentos de ensino da Companhia. A necessidade de ficar do lado da filosofia de Aristóteles e de afastar qualquer sistema do mundo incompatível com uma leitura literal da Bíblia teve como consequência uma progressiva diminuição da influência científica do Colégio Romano durante o século XVII. Quando o filósofo protestante alemão Gottfried Wilhelm Leibniz (1646-1716) visitou Roma em 1689, lamentou que "os excelentes talentos dos italianos tivessem de se confrontar com o grave obstáculo manifestado pela ausência de liberdade na pesquisa filosófica"[1]. No entanto, foi junto aos jesuítas do Colégio Romano que lhe foi possível adquirir um exemplar do *Principia mathematica* de Isaac Newton (1642-1727), publicado dois anos antes.

Por volta da metade do século, surge uma personalidade atípica, ao mesmo tempo alheia à corrente emergente do que se constituiria com Newton a ciência moderna, e característica de um século fascinado por curiosidades de todas as espécies e aberta a todas as novidades. "Talvez lhe falte discernimento, porém não imaginação", disse

---

1. Citado por Francesco Beretta, "L'héliocentrisme à Rome, à la fin du XVIIe siècle: une affaire d'étrangers?", 552.

muito bem a historiadora das ciências Luce Giard[2]. Ele não se satisfazia em coletar informações, colecionar objetos, inventar mecanismos; queria elaborar modelos para lhes dar coerência.

A VIDA, A OBRA E SUA AVALIAÇÃO

Athanasius (Atanásio) Kircher nasceu no dia 2 de maio de 1601 perto de Fulda (na Alemanha), em uma família culta. Depois de ter sido aluno no colégio jesuíta dessa cidade, entrou no noviciado de Paderborn em 1618. Fez parte de sua formação o interesse pelas ciências, a qual lecionou na universidade de Würzburg a partir de 1628, e mais tardiamente um interesse pelos hieróglifos.

A Guerra dos Trinta Anos o obrigou a deixar a Alemanha e se refugiar na França. Lecionou no colégio de Avignon; em seguida, foi enviado a Roma, recomendado pelo erudito de Aix-en-Provence, Nicolas-Claude Fabri de Peiresc (1580-1637), amigo de Gassendi e correspondente de Galileu. Em 1638, sucedeu a Christoph Scheiner (1575-1650) na cátedra de matemática do Colégio Romano. Ali também ensinou as línguas orientais.

A partir de 1646, desobrigou-se do ensino, de modo a poder se dedicar à pesquisa e à escrita de suas obras, que fizeram sua reputação logo após a abertura de seu museu em 1651. Morreu em Roma, numa idade avançada, em 27 de novembro de 1680.

Sua obra escrita é considerável: aproximadamente quarenta livros, abrangendo todos os campos das ciências: matemática, astronomia, música, química, óptica, vulcanologia, medicina, mas também arqueologia e principalmente o estudo das línguas orientais, com um interesse paralelo pelo ocultismo e pela cabala. Tudo isso foi acompanhado de trabalhos práticos, como a invenção e a reali-

---

2. "Jésuites", 73.

zação de instrumentos (um microscópio que lhe permitiu observar o sangue, uma "lanterna mágica", um instrumento para transmitir a voz de um recinto a outro etc.) ou um investimento médico, especialmente quando uma epidemia de peste devastou Nápoles e Roma em 1656. Por meio do microscópio, Kircher detectou "pequenos vermes" no sangue dos pestíferos e concluiu que a peste era provocada por micro-organismos.

Foi a egiptologia que criou sua reputação. A existência de obeliscos egípcios em Roma aguçava a curiosidade dos cientistas diante desses sinais indecifráveis. Postulando uma proximidade entre a língua copta e o egípcio antigo, Kircher se lançou na decifração dos hieróglifos. Já em seu tempo, os resultados foram criticados, porém contribuíram para desenvolver um interesse pela egiptologia.

Tamanha profusão de interesses e de obras não podia deixar os contemporâneos indiferentes. Os julgamentos sobre Kircher são bastante contrastantes. Suas supostas propensões copernicanas (ele deu a entender que os matemáticos do Colégio Romano o eram igualmente, mas não podiam expressá-lo publicamente) lhe valem a simpatia *a priori* do mundo erudito. Fonte de inspiração para uns, foi vivamente criticado por outros; às vezes, os mesmos críticos. Leibniz admirava sua obra sobre a China, mas muito menos sua *Ars magna sciendii* (1669). Até seus discípulos eram conscientes dos erros de cálculo espalhados por suas obras matemáticas.

Se esse interesse universal se tornou cada vez mais alheio ao espírito de uma ciência analítica, ele se aproximou de uma época ávida de curiosidades. Seu projeto científico foi qualificado de "barroco", moldando a metáfora, viajando de um assunto a outro, cultivando a ideia de que tudo se mantém no universo, tanto material quanto humano. O uso da imagem não é raro no discurso científico daquele tempo. Mas esta começa a ter uma função de embelezamento ou de auxílio à intuição, que deve ser completada por uma construção racional. Na obra de Kircher, é mais do que isso. A imagem é o reflexo do mundo, porque permite compreender as coisas com um único olhar. Entre a palavra e a coisa, a separação ainda não foi definitivamente feita.

UMA CIÊNCIA DE MUSEU

Um dos aspectos do procedimento científico de Kircher era a reunião de objetos novos, tanto os já inventados como os instrumentos que ele próprio produzia ou recebia de outros lugares, ou oriundos da natureza. A época da descoberta do "novo mundo" era repleta de coisas novas e raras. Os navios traziam plantas, animais, objetos manufaturados da China, da Índia, da América Latina. O novo mundo não era somente "o universo infinito", aberto pela luneta de Galileu, era também os novos espaços e as novas civilizações que fascinavam e preocupavam ao mesmo tempo. Lidava-se com "bárbaros" ou povos milagrosamente preservados do pecado original, que continuaram próximos da humanidade "adâmica"?

Para recolher esses dados que recebia do mundo todo, ele fundou um museu no Colégio Romano e se dedicou totalmente a ele. Esse museu, do qual ainda subsistem algumas representações, era uma aglomeração de todas as espécies de objetos, obeliscos egípcios, animais vindos do Novo Mundo, máquinas inventadas por ele.

Do mesmo modo, suas obras são menos tratados científicos do que celebrações das maravilhas da criação. Em uma delas, talvez a mais significativa, *Mundus subterraneus* (1665), o percurso do mundo visava ressaltar a coerência, que deveria entrar em sintonia com as Sagradas Escrituras. O inventário dos novos conhecimentos tinha de se inserir no âmbito bíblico. Foi assim que Kircher calculou o que teria representado a construção da Torre de Babel, que supostamente atingiria o "céu", ou seja, a primeira "esfera" celeste correspondendo à órbita lunar. Conhecendo a distância entre a Terra e a Lua, não era complicado calcular a massa de pedra que isso representaria (e o desequilíbrio causado na estabilidade da Terra!). Desse modo, Kircher pôde concluir tranquilamente a impossibilidade física dessa construção.

EM BUSCA DA LÍNGUA UNIVERSAL

Para Galileu, o universo estava escrito em "língua matemática". Portanto, o formalismo matemático era tido como a língua "universal" em uma época ao mesmo tempo marcada por divisões na Europa e pelo surgimento de nações, e também pela descoberta, por meio das expedições além-mar, de novos povos, isto é, de novas línguas. Existe efetivamente uma língua universal que permita que todas essas instâncias se comuniquem? Mais precisamente: é possível encontrar a língua "adâmica", "pré-babélica", que colocaria fim nas divisões? O que os matemáticos são para a natureza, a língua universal o seria para a humanidade, revelando uma referência comum, tendo em vista a reconciliação dos povos.

Para Kircher, era preciso procurar do lado do Egito, que para ele era um "verdadeiro hieróglifo" do mundo. Essa civilização aparentemente era a mais antiga, e já fascinava os gregos. Encontrava-se nela uma espécie de sabedoria arcaica, apesar de seu revestimento idolátrico. Essa sabedoria era encontrada nas correntes de pensamento provenientes dela, do neoplatonismo à cabala judaica, passando pelos mistérios do zoroastrismo, mas também, o que é mais original, nas formas culturais e religiosas descobertas pelos missionários: templos astecas, calendários maias, confucionismo chinês, budismo japonês etc. Para nosso erudito jesuíta, a diversidade das tradições não levava a um ceticismo, porém à busca de uma essência comum escondida nessas tradições. O que se descobre de comum é referente a uma única raiz, em que Kircher pensa ter encontrado o vestígio nos hieróglifos.

UMA CIÊNCIA TOTAL

Kircher não adere ao projeto analítico da ciência moderna, que divide o mundo em áreas específicas, com base em métodos especializados. Seu modelo é mais próximo da ciência medieval, unificada em torno da teologia, ou mais ainda da ciência do Renascimento, reconciliando com o neoplatonismo e seu culto do "Um". Sua obra podia ser qualificada de "movimento tardio erigido ao ideal renascente do conhecimento universal". De acordo com essa ideia, tudo está interconectado no universo, tudo se comunica com tudo numa espécie de simbiose orgânica. O modelo é sensivelmente mais biológico que mecânico, diferentemente da ciência cartesiana, alheia à Kircher.

A ideia de uma ciência total deve ser matizada. O homem tem acesso ao conhecimento total do universo, que não é outro senão o conhecimento divino? Kircher percebe que conhecer o mundo dessa forma é poder manipulá-lo a seu modo, reproduzindo um novo demiurgo. Pretender determinar as "leis da natureza" é se colocar no lugar do Criador. Afirmar, como Galileu, que o universo é regido por leis matemáticas é limitar a ação divina.

Como filósofo jesuíta, Kircher não desiste de um verdadeiro saber sobre a realidade das coisas. Nossa linguagem não se contenta em nomear; ela diz algo da essência do real. Não temos acesso direto à derradeira harmonia do mundo, entretanto podemos pressenti-la. Nenhum fenômeno particular, nenhum campo da realidade, como seria a ciência do movimento para Galileu, nos dá a chave derradeira de acesso aos mistérios do mundo. Efetivamente, podemos identificar leis particulares (a lei da queda dos corpos, por exemplo), mas isso não nos mostra o essencial da natureza das coisas. É preciso ficar aberto à chegada de novos fenômenos, suscetíveis de modificar os conhecimentos obtidos, como a "pedra-cobra", capaz de curar as mordidas desse animal.

Para Kircher, o trabalho do filósofo da natureza, do "físico" no significado antigo da palavra, não é outro senão identificar o lugar de cada fato, reposto no conjunto do mundo, comprometido com as relações de simpatia com os fenômenos distantes. É oportuno abrir-se para o longínquo. Kircher, que desejou partir como missionário para a China, ficou em Roma. Contudo, mantinha correspondência com a rede jesuíta dispersa pelo mundo todo. Ele recebia informações e objetos vindos do mundo inteiro. Seu esforço em religar tudo pode nos parecer ridículo, condenado de imediato ao fracasso, mesmo porque ele contém interpretações muito rápidas e erros de cálculo. No entanto, ele demonstra um sentido do universal, bastante típico do procedimento inaciano, que conclama a contemplar o mundo em sua globalidade.

V

ROGER BOSCOVICH, UM FÍSICO DO ILUMINISMO

No século de Newton, surgiu uma nova figura, a do físico croata Roger Boscovich, ou, em croata, Ruđer Bošković, o "último polímata" ou "onisciente" da história, figura estranha, singular, impossível de ser identificada a uma tradição culta, e cuja influência só se detectou várias décadas depois de sua morte, e de modo oculto.

A VIDA E A OBRA

Boscovich nasceu em 18 de maio de 1711 em Ragusa (atualmente, Dubrovnik), porto da costa dálmata, cidade "república", desfrutando de certa autonomia, embora encerrada numa região ainda em poder do Império Otomano. Com 14 anos, ele partiu para Roma e entrou no noviciado da Província Romana da Companhia. Seus estudos transcorreram com sucesso no Colégio Romano, onde sua viva inteligência e sua capacidade de trabalho foram logo notadas. Seu gosto pelas ciências se desenvolveu especialmente por meio da leitura das obras de Newton encontradas na biblioteca do Colégio, que ele descobriu em 1730. Ele foi um dos primeiros na Itália a defender suas ideias. Antes mesmo da conclusão dos estudos teológicos, em 1740 foi nomeado para a cátedra de matemática do famoso estabelecimento, sucedendo a Clavius, Grienberger, Scheiner, Kircher etc.

Além do ensino, Boscovich se dedicou a trabalhos especializados nas áreas de arquitetura (consolidação da Cúpula de São Pedro), hidráulica (drenagem dos Pântanos Pontinos) etc. Ele se interessava pela arqueologia: descobriu uma antiga cidade romana em Frascati.

Foi também levado a realizar missões diplomáticas em prol de seu país de origem. Algumas viagens (a Paris, Londres, Viena etc.) deram-lhe a oportunidade de se relacionar diretamente com o mundo culto europeu. Várias academias científicas o acolheram, as da França, da Inglaterra (*Royal Society*) e da Rússia.

Seu evidente apoio à física newtoniana causou atritos com os colegas filósofos do Colégio Romano. No final dos anos 1750, ele se distanciou. Um longo périplo o manteve longe da Itália de 1759 a 1763. Quando retornou, obteve um cargo em Pavia, cidade sob administração austríaca. Paralelamente ao ensino, ele se encarregou de estudos na área da óptica e participou da construção de um observatório em Brera, perto de Milão, mas conflitos com outros docentes o levaram a se retirar.

No ano seguinte, o papa Clemente XIV extinguiu a Companhia. Aquele que se tornou o "padre" Boscovich se viu obrigado ao exílio. Como tinha bons contatos na França, voltou para Paris e obteve o cargo de diretor de óptica da marinha. As relações com o mundo científico são ainda mais complexas do que as da sua primeira viagem, em virtude da difusão das ideias dos enciclopedistas. Ademais, sua saúde se agravou. Ele voltou para a Itália em 1782 para acertar a edição de suas obras e morreu em Milão em 13 de fevereiro de 1787.

Seus trabalhos são o reflexo da diversidade de seus pontos de interesse. Abrangendo tanto a óptica quanto a meteorologia, houve um esforço para associar essas disciplinas. Uma característica de seu modo de conceber a ciência é seu gosto pela precisão dos instrumentos. Ele era consciente da importância da operação de medida.

Ambicionava também criar uma nova física. É a parte mais original de sua obra. Sua abordagem se baseia na de Newton, seu mestre, mas ele procurou superá-lo. Concebeu a matéria como um conjunto de pontos dotados de inércia, em interação mútua. Tentou generalizar a força da gravidade sob uma expressão mais complexa, levando em consideração todas as formas de interação. Além disso, criticava o conceito newtoniano de inércia, ligado a um espaço "absoluto". Para Boscovich, esse conceito é relativo a um determinado espaço. De modo geral, estava convencido da relatividade de todo o conhecimento humano no mundo.

UM HOMEM DO ILUMINISMO

Cientista de alto nível, Roger Boscovich não ficava trancado em sua sala de trabalho ou na biblioteca. Suas qualidades relacionais, sua curiosidade pelo mundo e pelas pessoas o levaram a estabelecer numerosos contatos, sobretudo graças às suas viagens e missões diplomáticas. No meio de uma cultura com tendência à secularização, como demonstrado pela obra da *Enciclopédia* na França, ele se sentia à vontade, mantendo-se firmemente ligado à Companhia de Jesus. Não tentava manter a todo custo uma "cultura cristã", embora sua concepção do mundo, como veremos, contenha uma forte dimensão teológica. Ele se relacionou com os "filósofos", embora alguns entre eles, como D'Alembert (1717-1783), fossem muito hostis aos jesuítas. Era amigo do astrônomo Jérôme de Lalande (1732-1807), reputado como o "príncipe dos ateus". Desaprovou alguns trabalhos dirigidos contra essa corrente de pensamento, como uma peça de teatro de Charles Palissot, apoiado por seus confrades franceses.

Seu *Journal d'un Voyage de Constantinople en Pologne* [*Diário de uma viagem de Constantinopla a Polônia*], traduzido para várias línguas, inclusive para o francês (1772), é interessante a esse respeito. O historiador Larry Wolff vê nesse texto a expressão de um "jesuíta do Iluminismo"[1]. Nesse périplo de vários meses, Boscovich teve de atravessar diversos territórios da Europa oriental, então sob a dominação otomana, e encontrou comunidades religiosas muçulmanas, ortodoxas, e por fim católicas. Ele observava os costumes dessas pessoas. Quando tinha algum sentimento de solidariedade em relação aos cristãos ortodoxos, não era a dimensão teológica que o interessava. Os ícones o deixavam indiferente. Em compensação, era sensível à ignorância, mesmo dentro do clero. Nele não há mais nenhum vestígio do zelo missionário dirigido contra as heresias que pode ser encontrado entre os jesuítas do século XVI. Ele denominava como "fanático com o cérebro perturbado que lhe deu muito trabalho" um padre católico, "capuchinho da Boêmia", que procurava converter os ortodoxos. Era evidente em sua postura a aceitação da pluralidade, ou seja, da relatividade, dos costumes e das religiões. Considerava que nesses países os cristãos eram mais bem tratados pelos muçulmanos do que os judeus pelos católicos. Sem dúvida, não precisamos exagerar a "tolerância" de Boscovich, mas essas expressões são significativas de uma evolução cultural que ele compartilhava com os intelectuais de seu tempo.

UMA TEORIA AMBICIOSA

A obra de Boscovich é multiforme. A mais importante contribuição teórica encontra-se em sua obra principal, a *Teoria da filosofia natural reduzida a uma única lei das forças existentes na natureza*, publicada em Veneza em 1748[2]. Trata-se de um trabalho ambicioso, como indicado no título, um projeto de ciência universal que tenta romper com a imagem muito ingenuamente realista do mundo. Essa obra passou

---

1. "Boscovich in the Balkans".
2. Existe uma tradução inglesa feita por J. M. Child, *A Theory of Natural Philosophy*, Open Court, Chicago-Londres, 1922.

despercebida em sua época. Boscovich era visto como relativamente marginal nos ambientes científicos. Para seus contemporâneos, muitas de suas propostas contradiziam as ideias comumente aceitas. A recepção veio mais tarde. Michael Faraday (1791-1867), físico escocês de quem procedeu a "teoria do campo", teve contato com os estudos de Boscovich por volta da metade do século XIX e se inspirou nele sem invocar os detalhes de sua teoria. A ideia de certa primazia do campo ou da força sobre a matéria se assemelhava de fato às intuições do cientista croata.

A ideia central de Boscovich é a existência de uma força única universal, exercida entre as partículas materiais, força alternativamente atrativa (o que corresponde à força de gravidade de Newton) e repulsiva (para mostrar, entre outras coisas, a impenetrabilidade dos corpos materiais). Portanto, existem posições de equilíbrio quando essas duas influências se compensam, que podem ser estáveis ou instáveis. Para ele, a matéria se compõe de pontos sem extensão. O que faz com que a matéria estendida não resulte de uma contiguidade de massas, mas de um equilíbrio dinâmico entre um número finito de centros pontuais de interação. A noção de matéria deriva, portanto, da noção de força, que parece mais fundamental. A teoria de Boscovich apresenta uma estrutura conceitual alternativa com visão mecanicista, de inspiração cartesiana.

Em sua reflexão, Boscovich denota o que poderíamos chamar de um "ceticismo moderado". O espírito humano não tem acesso direto à própria natureza das coisas, à "coisa em si": de modo algum podemos observar "as naturezas íntimas das coisas", muito menos podemos conhecer os fins que o criador se deu ao criar o mundo. Sua epistemologia é reticente em considerar as "causas", não porque elas não existam (existe um "desígnio" divino no mundo, "finalidades" da criação), mas porque não nos são acessíveis como tais. Ele procura mais o "como" do que o "por quê" das coisas, porque podemos conhecer apenas as leis de funcionamento, que nos permitem antecipar o comportamento de um sistema. Nem por isso Boscovich é um empirista: a prova dos sentidos é enganadora, mesmo a do tato. Aliás, o conhecimento sensível é incompetente no âmbito atômico. As "ideias" que se formam em nossa mente com base em nossa percepção do mundo são certamente provocadas por uma "realidade", mas não são a imagem direta, como se essa realidade se projetasse numa tela de nossa mente. Não há relação unívoca entre fenômeno e explicação. Podemos simplesmente dizer que as leis da natureza "apresentam a natureza tal como ela é *pensada* sem contradições e não como se apresenta na observação direta"[3].

Boscovich tampouco era "racionalista". Preferia a investigação a partir da natureza aos raciocínios preliminares. Os princípios matemáticos, que são construções de nossa mente, são úteis como hipóteses. A forma analítica da teoria, tão apreciada pelos cientistas de sua época, especialmente na "escola francesa" (D'Alembert), não era suficiente para garantir a verdade física: a razão extrapola as ciências matemáticas. A prova disso é que, por meio de um certo número de pontos experimentais, é possível fazer passar uma infinidade de curvas. Em princípio, uma infinidade de teorias é compatível com uma mesma situação empírica.

Sua maneira de raciocinar tem uma dimensão teológica. Podemos dizer que sua epistemologia científica encontra senão sua justificativa, pelo menos uma ressonância com uma visão religiosa do mundo. Deus é o criador todo poderoso do mundo físico, que depende permanentemente de sua ação. É ele que determina a passagem do possível para o real. A impotência do espírito humano em conhecer finalmente a realidade das coisas traduz a contingência do mundo. Em teoria, outros mundos são pensáveis: nossos modelos físicos teóricos não poderiam constituir uma limitação ao poder da ação divina. Na qualidade de cientista, Boscovich não radicaliza essa onipotência:

---

3. Peter Henrici, "The Philosophy of Science of Ruder Boskovic".

o mundo se beneficia com certa consistência, com determinada regularidade em seu funcionamento, o que possibilita o conhecimento das leis. No entanto, essas leis conservam sempre um caráter provisório.

Podemos compreender isso como alguma limitação do espírito humano em contraste com a onisciência de um Criador que teria acesso aos próprios princípios do real. Seria uma lição de humildade dirigida à humana *libido sciendi*, o orgulho do conhecimento. Mas podemos compreendê-lo também de maneira dinâmica. Um mundo em evolução, em desenvolvimento, em formação, é incompreensível justamente quando está em formação.

VI
A MISSÃO CIENTÍFICA NA CHINA
(SÉCULOS XVI A XX)

A história das relações entre a Companhia de Jesus e a China é uma das mais ricas de toda a história da ordem. Em uma época em que essa civilização era ainda pouco conhecida na Europa, os jesuítas foram verdadeiros mediadores culturais, levando da Europa conhecimentos e instrumentos científicos, trazendo da China técnicas e uma outra visão do mundo. Os relatos das missões chinesas foram conhecidos em toda a Europa culta graças às correspondências amplamente publicadas. Os filósofos do Iluminismo tiraram proveito disso, com o risco de voltar contra os jesuítas a apologia que eles faziam da tolerância imperial e as críticas que formulavam contra as "superstições" chinesas.

A dimensão científica teve um papel de primeira importância. Os jesuítas foram recebidos na corte imperial com status de "eruditos", impressionando o imperador pela extensão de seus conhecimentos, atraindo suas boas graças, e por extensão garantindo uma situação moderadamente pacífica às comunidades cristãs e aos novos convertidos. Num contexto pouco aberto ao estrangeiro, a ciência foi uma mediação útil.

AS PRIMEIRAS ETAPAS

A China era ainda um país pouco conhecido na Europa do século XVI. As crônicas de viagem de Marco Polo (no final do século XIII) revelaram essa civilização remota e misteriosa na qual pouquíssimos ocidentais tinham sido capazes de penetrar. Já existiam redes comerciais com a Ásia, e permitiram a um dos primeiros companheiros de Inácio de Loyola, e um dos mais próximos, Francisco Xavier (1506-1552), que partisse a princípio para a Índia, e depois para o Japão, desde a fundação efetiva da Companhia.

A missão de Francisco Xavier não tinha de pronto uma finalidade científica. Todavia, no final de sua estada no Japão, ele percebeu o interesse que poderia ter a iniciação dos japoneses nos conhecimentos ocidentais, na medida em que estivessem interessados nos movimentos dos céus, nos eclipses, nas fases da Lua, na origem dos fenômenos meteorológicos. Então, ele escreveu a Roma pedindo que enviassem missionários que "tivessem conhecimento científico a fim de responder às numerosas questões feitas pelos gentios [pagãos] eruditos e instruídos, como são os chineses e os japoneses"[1].

Não foi no Japão que as coisas evoluíram, mas na China, às portas da qual se deteve a missão de Francisco Xavier. A evolução se deu na geração seguinte e o sucesso foi imediato, graças à grande figura do jesuíta italiano Matteo Ricci (1552-1610).

No final do século XVI, a China estava fechada para os estrangeiros. O único acesso era o porto de Macau, onde os portugueses tinham um posto comercial desde 1557. Era praticamente impossível instaurar uma missão no continente chinês. Foi por meio da astronomia que o cristianismo se fixou na China. A importância dessa disciplina deve-se ao fato dela ter servido para preparar o calendário do Império promulgado todo ano pelo próprio imperador, o "filho

---

1. *Correspondance* (1535-1552), 421.

CAPÍTULO VI.
A MISSÃO CIENTÍFICA NA CHINA 57

do céu". Como escreveu o jesuíta francês Antoine Gaubil (1689-1759) numa carta do dia 23 de julho de 1725: "Vocês sabem que aqui a astronomia é sempre uma questão do Estado, e os fenômenos celestes são para os chineses sinais que o céu emite aos imperadores para a gestão de seus povos"[2].

O calendário não é apenas uma organização do tempo. Segundo a doutrina confuciana, o ideal consiste em uma harmonia entre o homem e a natureza, em particular os ciclos celestes. A sociedade em seu conjunto deve ser adaptada a esses ritmos fundamentais. O conhecimento da posição dos corpos celestes possibilita determinar os dias favoráveis a diversas atividades, desde as cerimônias oficiais até os detalhes da vida diária. É também importante para prever a ocorrência de certos fenômenos extraordinários, como os eclipses ou a passagem dos cometas, que são igualmente sinais celestes.

A história da astronomia chinesa é muito antiga, e seu apogeu se situa na época da primeira dinastia Han, entre 206 a.C. e 9 d.C. A China era muito avançada no que se refere à astronomia europeia da Antiguidade e da Idade Média, e também no que se refere aos instrumentos, aos mapas celestes e aos modelos do universo. Há relatórios dos fenômenos celestes, dos eclipses solares ou lunares, sobre a observação de cometas, manchas solares, pelo menos desde o século V antes da era cristã.

Na época da dinastia mongólica Yuan (1279-1368), houve colaborações de astrônomos muçulmanos, árabes e persas. Vários deles foram para a China e trabalharam na corte imperial. Na chegada dos jesuítas, havia em Pequim uma escola muçulmana de astronomia.

Todavia, após a partida dos mongóis, os imperadores da dinastia Ming (1368-1644) abandonaram os estudos astronômicos. A condição da ciência era inferior à da dinastia precedente. As previsões dos eclipses tornaram-se cada vez mais imprecisas, o que poderia ter

---

2. *Correspondance de Pékin* (1722-1759), 70-71.

graves consequências sociais (como adiamento de cerimônias, por exemplo). E isso foi agravado porque dois estudos (um chinês e outro muçulmano), utilizando métodos diferentes, eram encarregados da "ciência do céu". O mundo erudito tinha consciência de que deveria haver uma reforma. Portadores de um conhecimento ocidental recentemente adquirido (a reforma do calendário gregoriano data de 1579), os jesuítas chegaram num bom momento.

Matteo Ricci foi o primeiro jesuíta a entrar no Império do Meio. Ele estudara no Colégio Romano e seguira o ensino matemático de Clavius. Ao chegar a Macau em 1582, soube conquistar a confiança dos eruditos chineses. Vestido à maneira dos mandarins, se apresentava como um erudito vindo do Ocidente. Em 1598, foi convidado a ir a Pequim para trabalhar na reforma do calendário.

Em 1600, acompanhado pelo espanhol Diego de Pantoja (1571-1618), Ricci chegou a Pequim munido de presentes; entre eles, dois pêndulos que encontraram seus lugares no palácio imperial. Residindo em Nanquim, Ricci pôde se familiarizar com os equipamentos astronômicos ali existentes. Ele constatou também que os astrônomos chineses tinham esquecido uma parte dos conhecimentos de seus predecessores, ao observar que alguns instrumentos transferidos de Pequim para Nanquim estavam mal regulados. O próprio Ricci não era um astrônomo perito. Por isso, pediu várias vezes a Roma que lhe enviasse alguém mais competente do que ele.

Em compensação, seu excelente conhecimento da língua chinesa lhe permitiu efetuar traduções com a ajuda de um erudito que se tornou cristão, Xu Guangqi. Foi a primeira tradução chinesa dos seis primeiros livros de Euclides na edição de Clavius, bem como de outros folhetos científicos, como o *Tratado da esfera* de Sacrobosco.

A oportunidade de atrair a atenção do imperador e da corte foi proporcionada pela ocorrência de um eclipse solar no dia 15 de dezembro de 1610, que o jesuíta italiano Sabatino de Ursis (1575-1620), que viera em 1607 para Pequim, havia previsto corretamente, o que não foi o caso dos astrônomos do observatório imperial. Essa previsão bem-sucedida favoreceu a defesa de Xu Guangqi junto ao imperador chinês pela causa dos astrônomos jesuítas no que se referia à esperada reforma do calendário.

A CONSOLIDAÇÃO APESAR DAS DIFICULDADES

O apelo para a vinda à China de astrônomos qualificados começou a frutificar. O primeiro foi o alemão Johann Schreck (1576-1630), ainda chamado de Terrenz. Antes de sua entrada na Academia, ele era membro da *Accademia dei Lincei*, onde foi eleito para substituir Galileu. Depois do noviciado, estudou com Clavius. Levou para a China o primeiro telescópio como presente ao imperador. Mantinha correspondência com Galileu e Kepler, com o objetivo de obter (sem sucesso junto ao primeiro) precisões sobre a determinação dos eclipses. Mais uma vez, foi o eclipse que causou seu sucesso. O do dia 21 de junho de 1629, que foi corretamente previsto por ele, e não pela escola chinesa tradicional e tampouco pela escola muçulmana. Terrenz explicou que não era culpa dos astrônomos, mas do antigo sistema, que precisava ser substituído pela astronomia europeia. Foi isso que levou o imperador Chongzhen a lhe confiar a reforma do calendário.

Um outro jesuíta alemão, Johann Adam Schall von Bell (1592-1666), migrou para Pequim no ano seguinte. Ele também, aluno de Clavius, previra vários eclipses da Lua. Após a morte de Terrenz, ficou responsável pela reforma.

O novo calendário ficou pronto por volta de 1640. Durante esse tempo, a situação social se degradou no país, o exército manchu invadiu o Império e acabou com a dinastia Ming em 1644. Os novos líderes do país tinham consciência das contribuições científicas dos jesuítas. Schall pôde não apenas continuar em sua função, mas também foi nomeado diretor do "Tribunal das ciências matemáticas" em 1644, e seu calendário foi oficialmente promulgado no ano seguinte. Os jesuítas conservaram esse cargo até 1805, praticamente sem interrupção, mesmo após a extinção da Companhia.

O apoio que Schall gozava junto ao dirigente manchu se voltou contra ele com a morte do jovem imperador em 1661. Os inimigos do jesuíta organizaram um processo, durante o qual ele se manteve prisioneiro com alguns de seus companheiros. A previsão correta de um eclipse não impediu sua condenação à morte, mas um terremoto em Pequim (não previsto!) fez com que os juízes pensassem que o "céu" havia julgado de outra maneira. Schall e seus companheiros foram soltos, e alguns anos mais tarde oficialmente reabilitados.

Outra figura importante dessa longa história é o colaborador e sucessor de Schall, Ferdinand Verbiest (1623-1688), jesuíta flamengo. O infortúnio sucedido a Schall ocasionou sua substituição na direção do observatório imperial por um chinês. Verbiest pôde se aproximar do novo imperador manchu Kangxi, que tomou o poder em 1666, ano da morte de Schall, para mostrar-lhe que o calendário elaborado pelos astrônomos "tradicionais" estava errado. Um teste ratificou a idoneidade da intercessão de Verbiest, o que lhe valeu a obtenção do cargo de diretor e a incumbência de reformar o calendário incorreto.

A MISSÃO FRANCESA

Em 1678, Ferdinand Verbiest escreveu aos superiores da Companhia solicitando o envio de material e de pessoal para a missão chinesa. A carta continha uma fórmula significativa: "Sob o manto estrelado da astronomia, nossa santa religião se introduz facilmente"[3]. Aliás, esse é o argumento também usado pelo jesuíta François de la

---

3. Citado por Isabelle Landry-Déron, "Les mathématiciens envoyés en Chine par Louis XV en 1685", 427.

CAPÍTULO VI.
A MISSÃO CIENTÍFICA NA CHINA

Chaize, confessor do rei Luís XIV, em carta endereçada ao superior geral da época, Charles Noyelles: "Sua Majestade, presente em todas as coisas dedicadas às ciências e desejosa de fazer o possível para que os países estrangeiros tenham acesso ao conhecimento, me ordenou escolher [...] bons missionários com suficiente conhecimento das ciências matemáticas [...] e desse modo, com o pretexto de serem astrônomos e matemáticos do rei, instruir os chineses a respeito das verdades de nossa fé"[4].

Luís XIV consentiu em financiar uma missão dirigida por Jean de Fontaney (1643-1710), professor de matemática no Colégio Louis-le-Grand de Paris, onde substituiu Gaston Pardies (1636-1674), autor de um atlas de seis mapas do céu e correspondente de Newton. Ele entrou em contato com Jean-Dominique Cassini (1625-1712), primeiro diretor do Observatório de Paris (fundado em 1669), ex-aluno dos jesuítas italianos Giovanni Battista Riccioli (1598-1671) e Francesco Grimaldi (1618-1663), a fim de testar seu método de determinação das longitudes por meio da observação dos satélites de Júpiter. Isso permitia a criação de mapas mais precisos.

Essa missão, oficialmente apoiada pela Academia das Ciências, tinha como participantes, além de Fontaney, cinco jovens jesuítas franceses (o mais jovem tinha 29 anos e não acabara sua formação teológica), que receberam o título de "matemáticos do rei". A missão partiu de Brest em março de 1685, levando um conjunto de equipamentos de qualidade – telescópios, relógios, termômetros e barômetros etc. –, e chegou em setembro a Siam [Tailândia]. O grupo só chegou a Pequim em fevereiro de 1688, exatamente depois da morte de Verbiest.

O estabelecimento na China foi trabalhoso. O superior jesuíta (português) de Pequim não queria que eles residissem nessa cidade,

---

4. Citado por Steven Harris: "Jesuit Scientific Activity in the Overseas Missions (1540-1773)", 74.

então o grupo francês viajou pelo país e aproveitou para fazer observações astronômicas.

Depois de uma missão diplomática bem-sucedida, um dos membros do grupo, Jean-François Gerbillon (1654-1707), foi convidado a dar aulas de matemática ao imperador Kangxi, já iniciado nessa disciplina por Verbiest. Os *Elementos* de Euclides tinham sido traduzidos em manchu com base na versão chinesa de Ricci. Todavia, os franceses preferiram usar o manual de Pardies, que tentava simplificar o texto de Euclides. O imperador demonstrava preferência por ele. Como relatava Joachim Bouvet (1656-1730), ele "aprovou sobretudo um modo novo de demonstrar a sétima [proposta de Euclides[5]]". Contudo, o interesse imperial pelas ciências matemáticas ficou restrito, frustrando a esperança dos franceses de que o imperador aplicasse esses modelos aos astrônomos chineses.

Após o desaparecimento da primeira geração, as atividades diminuíram. A "controvérsia dos ritos"[6] contribuiu para desgastar a atmosfera, bem como para uma diminuição de interesse por parte das autoridades francesas. Contudo, houve o destaque da figura particular de Antoine Gaubil, estabelecido em Pequim a partir de 1723, um ano após a morte do imperador Kangxi, "o maior sinólogo europeu do século XVIII, a melhor cabeça entre os jesuítas franceses que naquela época fundaram na própria China a primeira escola ocidental de estudos eruditos sobre a China"[7].

Gaubil não se limitou às atividades científicas. Entrou em contato com a Rússia (foi membro da Academia de São Petersburgo) e com a Inglaterra (foi nomeado membro associado da *Royal Society*).

---

5. Citado por I. Landry-Déron, art. cit., 441.
6. Os primeiros missionários jesuítas depois de Matteo Ricci adaptaram os ritos católicos a certas tradições chinesas (culto dos antepassados). Isso foi contestado por outros missionários, a tal ponto que o papa Clemente XI proibiu essas práticas em 1704, o que foi muito mal recebido pelos chineses.
7. Paul Demiéville, prefácio a A. Gaubil, *Correspondance de Pékin*.

CAPÍTULO VI.
A MISSÃO CIENTÍFICA NA CHINA

Como todos os eruditos de sua época, ele abordou a história, a filologia, a literatura, a moral.

Tinha grande admiração pela cultura chinesa e era polêmico com aqueles que a consideravam "bárbara"[8]. Traduziu obras clássicas como o *Yi king* (tradução que permaneceu inédita) e o *Chou king*, julgando isso mais produtivo do que ficar imaginando um pensamento chinês fundamentado em impressões superficiais. Lamentava que às vezes os europeus se contentavam com "algumas descrições, algumas relações; queriam especialmente algo para se divertir de um modo agradável"[9].

Na área teológica, Gaubil se posicionou pela antiguidade da cronologia chinesa, que começava a história quinhentos anos antes do dilúvio. Ele criticou igualmente os "figuristas", que depois de Bouvet e de Jean-François Foucquet (1665-1741) pretendiam conciliar a história chinesa com as Sagradas Escrituras. O sistema deles, que consistia em "transformar os antigos reis chineses em santos do Antigo Testamento, ou em pessoas da Santíssima Trindade", era "insustentável"[10]. A história chinesa se sustenta por si mesma sem que seja necessário remetê-la à história bíblica.

Essa questão da antiguidade da China foi tema de longos debates. Os livros chineses manifestam a antiguidade de uma história que precede a cronologia bíblica. Além disso, existe a questão da proveniência do povoamento da China, se mantivermos a teoria de que todos os povos eram oriundos dos três filhos de Noé. Como explicar principalmente que os chineses pareciam conhecer e manipular o ferro bem antes das civilizações do Oriente Próximo? A questão excede a mera cronologia porque depende da credibilidade do relato bíblico em sua totalidade. Os "figuristas" propunham uma leitura simbólica dos tex-

---

8. Carta de 5 de novembro de 1734 (403).
9. Carta de 28 de agosto de 1752 (269).
10. Carta de 28 de outubro de 1733 (363-364).

tos chineses, e chegaram até a comparar a escrita chinesa aos hieróglifos egípcios, sugerindo um desvio histórico que justificaria a antiguidade da civilização egípcia. Outros jesuítas tinham uma abordagem mais científica: sim, os fatos relatados nas antigas crônicas, como certos fenômenos astronômicos, são bem autênticos; não, o chinês nada tem a ver com o egípcio. Os chineses nada devem aos egípcios em termos de antiguidade: eles já pensavam que Vênus e Mercúrio giravam em torno do Sol. O que fazer então da cronologia bíblica? Não podemos permitir um pouco de liberdade? Em uma de suas cartas, que o editor julgou que não era preciso censurar, o francês Dominique Parennin (1665-1741) escreveu: "Eu ousaria igualmente esperar que os senhores hebraizantes nos deixassem prolongar um pouco a duração do mundo, apesar da alegada boa-fé dos rabinos, que se deram o direito de encurtá-la para retardar o advento do Messias?"[11].

APÓS O RESTABELECIMENTO DA COMPANHIA

A Companhia restabelecida se voltou novamente para a China, mas sem vinculação com o período anterior. Em 1843, os jesuítas da província de Paris receberam da Santa Sé a missão de Nanquim. Tratava-se essencialmente de um trabalho pastoral, não necessariamente entre os "eruditos". No entanto, trouxeram consigo um pequeno telescópio e outros instrumentos que possibilitaram fazer observações astronômicas e meteorológicas. Foi o segundo aspecto que predominou. Não se tratava mais de trabalhar na elaboração dos calendários imperiais, mas, mais prosaicamente, prever o tempo que faria.

O primeiro observatório importante foi estabelecido em 1871 em Zikawei (Xujiahui), próximo a Xangai, e teve como primeiro diretor

---

11. Carta ao Sr. Dortous de Mairan, 20 de setembro de 1740 (citada nas *Lettres édifiantes*, op. cit., 393).

Augustin Colombel (1833-1905). Ele constituiu uma das primeiras estações meteorológicas da China, mas o verdadeiro fundador de Zikawei foi Marc Dechevrens (1845-1923), professor de física nos colégios de Vannes e de Paris (Vaugirard). Foi ele que deu ao observatório uma reputação internacional, graças a seu bom nível científico. Ele estabeleceu a primeira estação chinesa de geomagnetismo. Na área meteorológica, seu principal campo de atividade foi a previsão de tufões que devastavam os litorais chineses de julho a setembro. Graças sobretudo aos vínculos com outros observatórios jesuítas do Extremo Oriente, como o de Manilha, Zikawei podia centralizar informações e emitir regularmente boletins amplamente divulgados. Sinais alertavam os marinheiros da iminência dos tufões.

Dechevrens se interessou também pelo estudo teórico desses fenômenos atmosféricos. Propôs seu próprio modelo de tufão e inventou um novo tipo de anemômetro para estudar o componente vertical da velocidade do vento, apresentado na Exposição Universal de Paris em 1889.

No início do século XX um observatório astronômico foi inaugurado na colina de Sheshan, próximo a Xangai (onde se encontra atualmente o seminário diocesano). Em seguida, foi instalada uma sessão de sismologia, a primeira da China, que completava o dispositivo científico dos jesuítas franceses.

A principal figura científica jesuíta desse segundo período foi certamente Pierre Lejay (1898-1958), ex-colaborador do Observatório de Paris e membro da Academia de Ciências. Ele orientou pesquisas para o campo da alta atmosfera (estudo do ozônio), a propagação das ondas eletromagnéticas (sua especialidade) e o campo gravitacional, para o estudo do qual ele inventou um novo modelo de pêndulo que possibilitava medidas gravimétricas. Depois de seu retorno à França, consecutivo à guerra, ele foi presidente da União de Radioeletricidade Científica Internacional (URSI) de 1952 a 1957. Pouco antes de sua morte, foi nomeado presidente do Escritório das Longitudes.

A revolução comunista de 1949 encerrou (provisoriamente?) a longa história da atividade científica dos jesuítas na China.

A CIÊNCIA JESUÍTA NA CHINA

Na história missionária da Companhia, a China ocupou um lugar à parte, à medida que a prática científica como ferramenta e fator de evangelização parecia surgir como um dado constitutivo do ministério jesuíta. De fato, tanto na China como em qualquer outro lugar o trabalho científico foi o objetivo da missão jesuíta, que continuava essencialmente religioso. No entanto, Ricci entendeu logo que, para atingir os eruditos chineses, era preciso uma mediação à altura do conhecimento deles do mundo. Considerando sua importância na cultura chinesa tradicional e no funcionamento da sociedade, a astronomia se revelou um ótimo vetor. Além de tudo, isso parecia demonstrar a preeminência do pensamento ocidental, cristão que dera origem a essa ciência.

Dominique Parennin, que passou mais de quarenta anos na China, afirmava que quando se pregava aos grandes era impossível começar pelos "mistérios de nossa santa religião: uns pareciam desinteressados, outros, incrédulos", porque os chineses menosprezavam as doutrinas estrangeiras. Portanto, era preciso "ganhar a estima deles mediante o conhecimento das coisas naturais que a maioria desconhecia, mas eles eram interessados em aprender; nada os dispunha melhor para nos ouvir sobre as santas verdades do cristianismo"[12].

E tem mais: de uma abordagem missionária unilateral, transmissão do cristianismo europeu, passamos progressivamente para uma atitude de troca e de comunicação marcada por maior reciprocidade. Por muito tempo, houve julgamentos negativos sobre a cul-

---

12.   *Lettres édifiantes*, 374.

tura chinesa. Se não fosse por seu paganismo, a China poderia constituir um modelo para a Europa; porém manifestava um atraso científico em relação ao continente cristão, porque, segundo a expressão de Parennin, os chineses eram "pessoas supersticiosas, indolentes, inimigos de qualquer aplicação, que preferem um interesse presente e sólido, de acordo com eles, a uma vã e estéril reputação de ter descoberto algo de novo no céu". Além disso, "de acordo com eles, qualquer novidade que aparece no céu marca quase sempre sua indignação contra o líder que governa". Os astrônomos do Egito não tinham esses preconceitos[13].

No entanto, esse atraso científico é acompanhado por certa sabedoria, com conhecimentos que poderiam ser aproveitados pela Europa. Há um fascínio por parte de alguns missionários por uma cultura muito antiga, cujos princípios morais, embora muito semelhantes em alguns aspectos ao cristianismo, nada lhe devem em sua origem.

As peripécias da história impediram o diálogo de seguir na linha iniciada por Ricci. O trabalho astronômico não "converteu" a China. Aliás, os jesuítas eram conscientes de que a conversão não era obra humana, mas divina, e que nenhuma "estratégia" missionária poderia transmitir sozinha a fé. Portanto, os recursos humanos não devem ser negligenciados em razão de um Deus ter se encarnado na história dos homens.

---

13. Id., 375-376.

VII
DO CÉU À TERRA OU A AVENTURA DOS OBSERVATÓRIOS
(DO SÉCULO XVI ATÉ NOSSOS DIAS)

A atividade dos jesuítas na China mostrou a importância da observação do céu. Contudo, este já tinha sido o caso na Europa à época de Galileu. A "nova astronomia", utilizando a expressão de Kepler, contribuiu de maneira significativa para o surgimento de uma nova ciência.

OS OBSERVATÓRIOS JESUÍTAS

Em sua história bastante completa dos observatórios jesuítas, Agustín Udías lembra que no século XVIII um quarto dos observatórios europeus, ou seja, 30 de 120, dependia da Companhia de Jesus[1]. No século seguinte, após o restabelecimento da ordem, a quantidade subiu para 74, mas começou a diminuir em seguida. Atualmente, resta apenas uma dezena. As razões desse declínio são múltiplas. É inegá-

---

1. Cf. *Searching the Heavens and the Earth*.

vel que a questão financeira desempenhou um papel importante, uma vez que a sofisticação crescente dos equipamentos requer financiamentos descomunais dos recursos de uma ordem religiosa, ainda que esta seja ajudada por fundações.

Os primeiros trabalhos astronômicos estavam associados aos colégios e contribuíam para a formação dos jovens religiosos, e mais amplamente de todos os estudantes. Jean-Étienne Montucla, historiador da matemática e ex-aluno do colégio de Lyon, declarou que "na realidade, devemos aos jesuítas a multiplicação dos observatórios na Europa"[2]. É o caso em particular do Colégio Romano, estabelecimento de referência para a Companhia no mundo. Lembremo-nos do papel desempenhado pelas observações de Clavius e de seus discípulos em apoio às de Galileu. Muitos colégios tinham um equipamento de boa qualidade, o que possibilitou trabalhos originais.

Depois da supressão da Companhia em 1773, o Colégio Romano passou para a direção de um padre da diocese de Roma. Em 1824 foi restituído à Companhia com o nome de "Universidade Gregoriana". A direção do observatório foi concedida a Étienne Dumouchel (1773-1840), ex-aluno da Escola Politécnica. Valendo-se do apoio dos superiores gerais Fortis e Roothaan, ele começou a adquirir instrumentos mais performáticos (telescópio de Cauchoix com montagem azimutal em 1825 e círculo meridiano de Ertel em 1842). Isso foi o que lhe ajudou em 1835 a observar a volta do cometa Halley.

No fim de 1849, o italiano Angelo Secchi (1818-1878), físico de formação, com 32 anos, assumiu a direção do observatório. Ele adquiriu novos instrumentos e construiu uma cúpula no telhado da Igreja de Santo Inácio. Sua principal contribuição foi no campo da espectroscopia, um campo novo na época, iniciado por Josef von Fraunhofer (1787-1846) e Lorenzo Respighi (1824-1889). O princípio consistia

---

2. Citado por Camille de Rochemonteix, *Un collège de jésuites aux XVIIe et XVIIIe siècles: le collège Henri IV de La Flèche*, 121.

em observar o espectro da luz emitida pelas estrelas colocando um prisma diante do telescópio e deduzir a composição química delas.

A ocupação de Roma pelas tropas italianas em 1870 mudou o contexto. O Colégio Romano foi expropriado em 1873, mas o prestígio internacional de seu diretor permitiu ao observatório permanecer no seio da Companhia até sua morte em 1878. No ano seguinte, o observatório do Colégio Romano foi definitivamente incorporado à estrutura do Estado italiano.

A aventura astronômica romana da Companhia não parou nesses acontecimentos, uma vez que alguns anos mais tarde o observatório do Vaticano, cuja história é paralela, foi confiado à Companhia. Contudo, antes de retomar essa história, podemos ampliar nossa visão para outros lugares significativos.

Como lembrado no início deste capítulo, os observatórios eram numerosos, tanto antes da extinção quanto após o restabelecimento. Geralmente, eram ligados aos estabelecimentos de ensino, para servir de trabalhos práticos aos estudantes. Durante muito tempo, a astronomia foi considerada um ramo importante do ensino das ciências ligado à matemática. A dimensão simbólica da observação do céu teve seu peso no interesse dessa matéria na formação dos jovens religiosos.

O ensino não foi o único objetivo desses estabelecimentos. O gosto pela pesquisa motivou vários jesuítas a elaborar trabalhos especializados cujo nível superava amplamente o do público estudantil. No entanto, não se tratava de mera curiosidade nem de desejo de prestígio. Embora não tenham faltado críticas por parte de alguns jesuítas, inconformados com as atividades de pesquisa que não tinham impacto apostólico direto, havia o apoio constante (inclusive financeiro) dos papas e superiores gerais.

Por trás desse apoio, é preciso ver uma preocupação apologética. O caso Galileu, retomado pelas correntes anticlericais, dava a impressão de que a Igreja era hostil à ciência. O fato de ter estabelecimentos de pesquisa reconhecidos internacionalmente era a melhor resposta a esses ataques. O jesuíta inglês Aloysius L. Cortie, diretor do observatório do colégio de Stonyhurst, escreveu em 1929: "Os inimigos da Santa Igreja fizeram um uso tão desproposital da ciência como uma arma em seu ataque às suas mais fundamentais verdades, que a impressão se espalhou entre seus fiéis de que a busca pela ciência é nociva e perigosa para a fé [...]. O Padre Secchi foi um ilustre exemplo daqueles que sabiam como unir religião e ciência"[3].

A observação do céu foi sendo gradualmente substituída por trabalhos de utilidade mais imediata quando os observatórios estenderam seu domínio de pesquisa do "céu" para a "terra", desenvolvendo departamentos de sismologia, de geomagnetismo ou de meteorologia. Foi sobretudo o caso fora da Europa, onde os jesuítas foram pioneiros nessas pesquisas de repercussões práticas.

Já citamos o observatório de Zikawei (na China). Outro exemplo interessante é o de Manilha (nas Filipinas), fundado em 1865 como um dos primeiros observatórios do Extremo Oriente, e que funciona ainda até hoje. Além dos observatórios astronômicos, houve uma importante atividade meteorológica e sismológica. Seu diretor na época, o jesuíta espanhol Federico Faura (1840-1897), ficou célebre ao anunciar o tufão de 7 de julho de 1879. Após a independência das Filipinas (em 1946), o observatório perdeu sua importância, mas há alguns anos o governo filipino pediu à sua equipe para estabelecer um centro de informação sobre a mudança climática.

Se os jesuítas franceses não foram muito ativos no campo da astronomia em território metropolitano, o mesmo não aconteceu em terras de missão. É o que se via na China (que era dependente da província de Paris) e também em Tenerife (Madagascar, dependente da província de Toulouse).

Tenerife foi o mais importante observatório jesuíta na África e o primeiro observatório francês a ser estabelecido no Hemisfério Sul.

---

3. Citado por A. Udías, *Searching the Heavens and the Earth*, 11.

Quando chegaram à "Grande Ilha", os jesuítas estabeleceram uma planilha de trabalho: realizar uma cartografia do país e fazer observações meteorológicas e sismológicas. A construção de um observatório partiu da iniciativa do representante geral da França em Madagascar, que obteve o acordo do governo francês e da Academia de Ciências, porque julgava que os jesuítas eram os únicos que podiam realizar um projeto como esse. Élie Colin (1852-1923) escolheu um local adaptado para construir o que na época era o mais alto observatório do mundo (com 1.402 metros). Os trabalhos meteorológicos abrangiam também o estudo dos ciclones, em parceria com Zikawei e Manilha. A independência de Madagascar (em 1960) pôs fim ao observatório.

O OBSERVATÓRIO DO VATICANO

O interesse da corte pontifícia romana para a observação do céu é comparável ao interesse das outras cortes europeias. O Vaticano se equipou com um observatório no século XVII situado na "torre dos ventos". Outros observatórios romanos, como o do Colégio Romano, completavam o dispositivo. Existia no século XIX, antes de Roma se tornar a capital do Reino de Itália, vários "observatórios pontifícios". A queda dos Estados pontifícios e a nacionalização do observatório do Colégio Romano acarretaram o quase desaparecimento de toda atividade científica no âmbito do Vaticano. A iniciativa do barnabita, Francesco Denza (1834-1894) no final dos anos 1880 recuperou o antigo observatório da "Torre dos ventos".

Uma carta (*motu proprio*) de Leão XIII, publicada em 14 de março de 1891, solicitava que o Observatório do Vaticano fosse reiniciado. Era uma resposta às acusações de obscurantismo vindas dos "filhos das trevas", para mostrar que a Igreja é amiga e promotora das ciências, não apenas sociais, mas também naturais: "A Igreja e seus pastores não se opõem à ciência verdadeira e sólida, seja ela humana ou divina, porém a cercam com seus cuidados, a estimulam e a promovem com o maior zelo possível". A astronomia é posta em destaque porque "sua tarefa é realizar pesquisas sobre essas criaturas que, mais do que as outras coisas inanimadas, proclamam a glória de Deus [alusão implícita ao salmo 19] e que da maneira mais maravilhosa faziam a alegria do mais sábio dos homens, que se alegrava em conhecer, por uma luz divina interior, acima de tudo, 'os ciclos do ano e as posições dos astros' (Sb 7,19)"[4].

Graças a seu primeiro diretor, o observatório adquiriu um status internacional sobretudo pelo projeto do "mapa do céu" iniciado em 1887 por Amédée Mouchez (1821-1892), diretor do Observatório de Paris. Ele foi um dos dezoito observatórios que participaram desse projeto ambicioso.

Depois de Denza, o observatório passou por um período difícil até a nomeação em 1905 de Johann Georg Hagen (1847-1931), jesuíta austríaco, até então diretor do observatório de Georgetown. Um dos trabalhos de Hagen, referente aos últimos movimentos do caso Galileu, foi o estabelecimento de novas provas da rotação da Terra. Em uma obra de síntese, *La rotation de la Terre: ses preuves mécaniques anciennes et nouvelles* [*A rotação da Terra: suas provas mecânicas antigas e novas*], publicada em 1911 em Roma, ele expôs suas experiências na última parte, após ter apresentado um dispositivo de sua invenção: o "isotomeógrafo". A esse respeito, o cientista italiano Gianfranco Sinigaglia considera "completamente notável que o mais recente método físico, e provavelmente o mais preciso para verificar a rotação da Terra, tenha sido elaborado dentro do mesmo Vaticano, que durante mais de um século proibira a terra de girar"[5].

Ao papa Pio XI parecia um bom modo de assegurar a perenidade do Observatório do Vaticano confiá-lo a uma ordem religiosa que pu-

---

4. *Allocutiones, epistolae, constitutiones*, 165-169.
5. Citado por Sabino Maffeo, *The Vatican Observatory: in the Service of Nine Popes*, 92.

desse garantir a renovação de seu pessoal. Levando em consideração seu histórico, parecia bastante natural escolher a Companhia de Jesus, pois a direção de Hagen confirmou a existência de uma estrutura de pesquisadores qualificados.

Ao mesmo tempo, a decisão foi tomada para transferir o observatório de Roma para Castel Gandolfo, residência de veraneio dos papas, situada a uma dezena de quilômetros de Roma, nas colinas albanas. A distância em relação à cidade e a situação elevada forneciam as condições mais propícias de observação. A construção de uma cúpula no topo do palácio pontifício começou em 1932. Em 1935 ela acolheu o telescópio Zeiss, de 40 centímetros.

Nos anos 1960, as condições de observação se degradaram tanto que se pensou em uma transferência mais distante de Roma. Após o exame de vários lugares possíveis na Itália (em especial na Sardenha), a escolha recaiu sobre os Estados Unidos. A universidade de Tucson (no Arizona), cuja região em pleno deserto apresenta excelentes condições de observação, acolheu a equipe de pesquisa do Vaticano e cedeu seus equipamentos.

A Companhia de Jesus continuou assegurando o recrutamento da equipe internacional de pesquisa, composta então de quinze jesuítas, cercados de alguns colaboradores, padres (por exemplo, Michael Heller, polonês) ou leigos. Após ter sido dirigida por um americano, George Coyne, atualmente o é por um argentino, José Funes.

Os campos de atividade dependem das competências dos membros da equipe. Um relatório anual, disponível no site do observatório, permite formar uma ideia das áreas trabalhadas. Entre outras, podemos citar a cosmologia (William Stoeger, australiano), a astronomia estelar (Christopher Corbally, britânico), a planetologia (Jean-Baptiste Kikwaya, congolês) e a área que estuda os exoplanetas (Paul Gabor, tcheco).

Além dos trabalhos estritamente científicos, o Observatório do Vaticano tem a proposta de promover encontros de interação com a ciência, a filosofia e a teologia. Uma série de colóquios foi organizada juntamente com o *Center for Theology and the Natural Sciences*, em Berkeley (na Califórnia), e estes motivaram publicações.

Outra atividade merece ser mencionada, pois é significativa da abertura aos países do Sul, dentro da herança da preocupação de formação de cientistas dos "países de missão". Desde 1986, a cada dois anos o Observatório do Vaticano organiza em Castel Gandolfo uma "escola de verão" que reúne aproximadamente trinta estudantes. A 12ª reunião ocorreu em 2010, com o tema "A química do universo". Os participantes vieram de 27 países, entre esses, México, Nigéria, Índia, Tailândia, Bulgária. A formação, supervisionada por um membro da equipe do Observatório, é mantida por pesquisadores reputados nos campos abordados. Essa dimensão social contrabalança o perigo de elitismo que marca a competição científica.

VIII
A HISTÓRIA DA NATUREZA
(DO SÉCULO XVI ATÉ NOSSOS DIAS)

Por um lado, a grande maioria das pesquisas históricas sobre o investimento científico dos jesuítas se remete aos primórdios da Companhia, e por outro, às ciências físico-matemáticas, sobretudo à astronomia. Entendem-se perfeitamente as razões: a Companhia é quase contemporânea do início da ciência moderna, na qual o estudo do céu desempenhou um papel decisivo; os atores principais – Copérnico, Galileu, Tycho Brahé, Kepler – eram principalmente astrônomos. Em uma perspectiva religiosa, a dimensão simbólica do céu acrescentou um elemento suplementar que justificou o privilégio dessa disciplina. Além disso, a nova física permitiu o desenvolvimento de atividades práticas nas quais os jesuítas estavam igualmente presentes.

O mundo vivo também depende de uma abordagem científica, mas de forma diferente. As "histórias naturais" datam da Antiguidade (Aristóteles, Plínio), e a tradição continua na Idade Média (Isidoro de Sevilha) e no início dos tempos modernos. Os catálogos se enriqueceram graças à descoberta de novos mundos, sem que os modos de tratamento mudassem substancialmente. A "revolução científica" ocorreu ulteriormente no âmbito biológico, quando se passou da classificação (Linné) ao questionamento sobre o que liga as diferentes espécies classificadas. Para isso, foi preciso esperar o final do século XVIII (Buffon, Diderot, Erasmus Darwin) e principalmente a chegada do século XIX (Lamarck, Charles Darwin) para que a biologia adquirisse o status de ciência. Nesse momento, a Companhia havia terminado a primeira parte de sua história. Quando foi restabelecida em 1814, o ímpeto científico em seu interior não era mais o mesmo. Além disso, o surgimento da teoria evolucionista aconteceu sobre um cenário de mutação cultural em que a ciência ganhou mais autonomia em relação aos conceitos religiosos do mundo. Se a geração dos primeiros físicos continuava preocupada com a teologia, esse não era mais o caso um século depois. A ideia progrediu: o conhecimento científico sugere um desinteresse a respeito de qualquer convicção pessoal, e que os fenômenos naturais podem ser explicados sem que se recorra a causas extranaturais. Poderá haver ainda padres cientistas, mas o vínculo entre os dois campos ficará cada vez menos evidente.

O INTERESSE PELO MUNDO VIVO

A grande maioria das publicações jesuítas em história natural até a metade do século XVIII procedia de autores que participaram diretamente das missões de além-mar ou que estiveram em contato com missionários. Os países em questão se situavam naquela época na América Latina e na Ásia – na China e principalmente na Índia.

Dois traços caracterizaram o modo de proceder dos jesuítas. O primeiro se deve à formação intelectual deles, em que o componente filosófico, inspirado por Aristóteles, levava a refletir sobre o *porquê* das coisas. Não podemos nos contentar em destacar fenômenos, ordinários ou extraordinários, em se encantar diante da criatividade da natureza, em fazer a lista das coisas estranhas, das plantas, dos animais, dos costumes humanos que encontramos; temos de procurar compreendê-los, isto é, atribuir suas funções às causas.

CAPÍTULO VIII.
A HISTÓRIA DA NATUREZA

Um segundo traço remonta mais à dimensão missionária. Nós a observamos na China. Trata-se de *conhecer o contexto*, o meio, em particular o humano, a quem desejamos anunciar o Evangelho. Os jesuítas estavam conscientes – ainda que fosse preciso, conforme os lugares, contemporizar – de que não chegavam a um terreno virgem ou simplesmente "pagão", onde se trataria de erradicar as "superstições" sem ter o cuidado de examiná-las. Daí decorre a importância dada ao ensino das línguas (chegando mesmo à elaboração de gramáticas), ao conhecimento de usos e costumes, para ganhar a confiança dos "autóctones". Os missionários jesuítas se beneficiaram dos conhecimentos locais, especialmente no campo da medicina.

Esses conhecimentos foram amplamente difundidos. Sabemos da importância da correspondência para o funcionamento da Companhia, em particular entre o centro romano e a periferia missionária. Em 1598, Claudio Aquaviva, superior geral, deu uma ordem estimulando a produção de textos historiográficos sobre as diferentes províncias. A organização sistemática das trocas não dizia respeito apenas ao funcionamento interno da ordem jesuíta. Principalmente dentro do contexto da "reforma católica" do século XVI, e também depois, os jesuítas compreenderam a importância de um anúncio da fé que abrangesse uma reflexão sobre o mundo, o que foi praticado nos colégios, como vimos. A difusão dos novos conhecimentos vindos de terras distantes, até então desconhecidas, tinha igualmente um valor missionário: fé não mais voltada para os "índios", mas em prol dos europeus, cujo choque dos movimentos de reforma mostrara um baixo nível de cristianização. Não se tratava meramente de comunicar aos países missionários uma forma de civilização cristã, mas de mostrar aos povos da "cristandade" que o progresso do conhecimento só poderia se aproximar de Deus caso se livrasse dos antigos preconceitos.

Uma carta de Inácio de Loyola enviada em 24 de fevereiro de 1554 a Gaspard Berzée, missionário na Índia, explicava bem essa questão:

Algumas pessoas importantes que, nessa cidade [Roma], leem com muito interesse as cartas das Índias desejam normalmente ou muitas vezes pedem que escrevamos algo sobre a cosmografia dos países em que vão os nossos [os jesuítas], por exemplo sobre a duração dos dias de inverno e do verão, sobre o início do verão, se a sombra se move à esquerda ou à direita. Se houver algum aspecto extraordinário, animais ou plantas não conhecidos ou mais raros, pedem informações sobre eles[1].

De fato, em uma época em que ainda não existiam grandes órgãos científicos como as academias, a Companhia de Jesus era considerada um canal de divulgação do saber que beneficiava todos os meios cultos da Europa.

UM MISSIONÁRIO DO OCIDENTE: JOSÉ DE ACOSTA

A principal obra de José de Acosta (1540-1600), missionário na América Latina, a *Historia natural y moral de las Indias*, é significativa desse modo de agir.

Ele nasceu em Medina del Campo (na Espanha) no ano da fundação da Companhia, na qual ingressou com 13 anos e com a qual mais tarde migrou para o Peru, com 32 anos. Lá acompanhou o vice-rei, Francisco de Toledo, em suas viagens pela região, o que entre outras coisas lhe possibilitou a oportunidade de observar a passagem de um cometa em 1577. Além das próprias observações, coletou relatos de seus companheiros jesuítas mais experientes, principalmente dos que viveram por mais tempo entre os índios e que aprenderam a língua deles. Estabelecido no colégio San Martín, de Lima, onde ensinava teologia, tinha tempo livre para organizar suas anotações e começar a elaborar sua *Historia*. Depois da congregação provincial de 1582-1583,

---

1. *Écrits*, 873.

que determinou as modalidades das atividades missionárias na América Latina, ele foi para o México, onde continuou aprimorando seus conhecimentos etnológicos e históricos. O rei Felipe II, da Espanha, o chamou ao seu país natal para obter informações diretas sobre a situação política e eclesial no vice-reino do Peru. De volta à Espanha, Acosta redigiu diversas obras, alguns tratados de teologia e de missiologia, e em 1590 publicou em Sevilha sua *Historia*.

O livro era uma mina de informações sobre o Novo Mundo, e seu sucesso foi considerável. Passou por várias reedições e foi traduzido para o holandês, o francês, o latim, o alemão e o inglês. O texto não era de leitura agradável apenas para os espíritos cultos, ávidos de novidades, mas continha também grande quantidade de elementos que o transformaram em um verdadeiro tratado de história natural, digno de interesse para os eruditos.

A obra total é dividida em cinco livros. O primeiro livro trata da situação geográfica global do Novo Mundo e analisa eventuais ocorrências nos antigos textos. O segundo aborda o clima e debate principalmente o contraste entre a ideia tradicional de que a zona equatorial é inabitável e o que é constatado no local. O terceiro livro examina as "Índias" do ponto de vista dos "quatro elementos" da física aristotélica, deixando de lado o fogo: o ar (a questão dos ventos), a água (oceanos e rios), a terra (os terremotos). O quarto compreende os elementos "compostos", iniciando pelos minerais, passando pelas plantas e então finalizando com os animais. A partir do quinto livro, aborda-se a história humana, isto é, "moral": a religião, a cultura e a política, a história dos países até a conquista espanhola (livro 7). Portanto, é uma obra muito completa que proporciona um conhecimento detalhado de todos os aspectos da vida nesse continente recém-descoberto.

O objetivo era claramente científico. Não se tratava de descrever simplesmente os fatos, mas também "esclarecer as causas e dar as razões". Um exemplo é a análise dos fenômenos meteorológicos. Vários capítulos são consagrados a uma reflexão sobre os ventos, dado crucial para os navegadores. Além disso, suas observações causam contradições com os conhecimentos antigos. Nosso jesuíta não hesitava em criticar a cosmologia de certos padres da Igreja, como João Crisóstomo, e até de Santo Agostinho, e de autores mais versados "no estudo das letras sagradas, que não é o das ciências humanas", que pensavam, ao contrário de Aristóteles e dos estoicos, que a Terra era plana, "suspensa no meio do ar", coisa que ele considerava "contrária à razão"[2]. Assim, ele entendia que as preocupações deles eram voltadas para a salvação mais que para o conhecimento das coisas terrestres; e mais passível de crítica eram os filósofos desse mundo que, apesar de toda a sua ciência, não souberam reconhecer o Criador do Universo.

Embora sua abordagem conserve um fundo aristotélico (teoria dos quatro elementos), não é apenas livresca: "A experiência vale muito mais do que qualquer demonstração filosófica". A observação da natureza é uma fonte de conhecimentos que às vezes contradizem a tradição transmitida pelos livros, o que os "físicos" de seu tempo tinham dificuldade em admitir. Um ponto de divergência era a opinião preconcebida dos filósofos antigos de que as zonas equatoriais (chamadas de "tórridas") não eram habitáveis pelo fato de serem muito secas, e que consequentemente não poderia existir humanidade no Hemisfério Sul. Acosta constatou o contrário e concluiu que "se trata de obras da Natureza que são contrárias à filosofia remotamente admitida e ensinada, como o caso de mostrar que a região chamada de Tórrida é muito úmida, e em muitos lugares muito temperada, e que chove quando o Sol está mais próximo". Desse modo, para elaborar uma verdadeira ciência é preciso se guiar "não tanto pela doutrina dos antigos filósofos como pela verdadeira razão e pela experiência"[3]. Isso o levou a retificar o seguinte raciocínio: não é o calor do

---

2. *Histoire naturelle et morale des Indes occidentales*, 1979, 17 e 21.
3. Id., 23, 17 e 73.

Sol que resseca a terra e a torna inabitável, mas sim o calor provoca a evaporação do oceano, que recai em forma de chuva sobre a terra, o que a torna muito fértil.

Outra dificuldade encontrada por Acosta se refere aos animais. Há inúmeras espécies que não foram trazidas pelos espanhóis. Eles não conseguiram chegar pelo mar nem a nado, tampouco trazidos pelos homens em embarcações, pois alguns eram animais selvagens e perigosos. "O resultado é que eles devem ter penetrado por meio de alguma parte vizinha de um outro mundo e vindo povoar pouco a pouco o Novo Mundo, uma vez que, conforme a Sagrada Escritura, todos esses animais se salvaram graças à Arca de Noé, e de lá se espalharam de novo pela Terra." A questão que intrigava se referia às espécies próprias da América. Por que esses animais, saídos da mesma Arca no Monte Ararat, se encontram em determinadas regiões e não em outras? Talvez se trate apenas de diferenças "acidentais" (não específicas), "como na linhagem dos homens; uns são brancos, outros negros". É o caso, por exemplo, da classe dos macacos; uns têm rabo, outros não. No entanto essas diferenças "causadas por diversos fatores" não podem dar conta de diferenças mais essenciais, propriamente específicas. A única explicação possível é que esses animais, depois de saírem da Arca "por instinto natural ou providência do céu, foram para diversas regiões e, se encontrando adaptados em algumas delas, não quiseram mais sair de lá. Ou, se o fizeram, não se conservaram, ou se extinguiram com o tempo, como acontece com muitas coisas"[4].

Se o método é científico, pelo uso feito do raciocínio, o objetivo vai além. Na visão do nosso missionário, a curiosidade pelas novas descobertas não é algo ruim, sobretudo se atrai a atenção do leitor culto, mas é insuficiente. A história natural tem seu atrativo a serviço de Deus, pois possibilita reconhecer e louvar o autor da natu-

---

4.   Id., 213 e 217.

reza: "Aquele que se dispor a compreender as verdadeiras obras dessa natureza, tão variada e tão abundante, conhecerá o prazer que a história oferece, e uma história ainda melhor do que os fatos relatados não são obras dos homens, mas do Criador"[5]. Compreender as causas equivale a fazer boa filosofia; considerar o "grande e primeiro artesão" equivale a fazer "excelente teologia". As referências são bíblicas: se os Salmos e o Livro de Jó se interessam pelos fenômenos da natureza, é para "celebrar a excelência das obras divinas". Encontramos também aí o objetivo dos *Exercícios espirituais* de Inácio de Loyola. No "Princípio e fundamento" afirma-se que "o homem foi criado para louvar, reverenciar e servir a Deus, nosso Senhor" e que "as outras coisas na face da Terra foram criadas para o homem, a fim de ajudá-lo na caminhada para o fim ao qual foi criado" (nº 23). Os conhecimentos que adquirimos da natureza não têm outra finalidade senão a de "conhecer e glorificar o autor de todas as coisas". O homem é convocado para se superar: não são suas próprias obras que ele admira, como uma espécie de retorno narcisista, mas as obras divinas, procedentes da inesgotável generosidade do Criador.

UM MISSIONÁRIO DO ORIENTE: PIERRE LE CHÉRON D'INCARVILLE

Saltemos um século e meio e mudemos de continente. Pierre Le Chéron, ao qual foi incorporado o nome de Incarville, nasceu em Louviers em 21 de agosto de 1706. Após sua entrada no noviciado em 1727, partiu para Quebec a fim de lecionar letras e depois voltou a Paris para finalizar sua teologia. Na época, como vimos, a China estava muito presente na Companhia francesa. Lembramos dos materiais produzidos por Antoine Gaubil (principalmente no campo da astronomia).

---

5. Id., 97.

CAPÍTULO VIII.
A HISTÓRIA DA NATUREZA

Temos também de mencionar a monumental *Description* [*Descrição*] de Jean-Baptiste Du Halde, quatro espessos volumes publicados em Paris em 1735[6], por meios dos quais Incarville se iniciou em botânica. Antes de ir para a China, ele se preparou para a viagem frequentando o naturalista Bernard de Jussieu (1699-1772).

Incarville chegou a Macau em 10 de outubro de 1740, ficou ali durante um ano para aprender o chinês e depois foi para Pequim no final de 1741. Ali, encontrou Gaubil. O contexto político foi pouco favorável aos trabalhos científicos. E menos ainda para a atividade missionária, pois era a época da controvérsia dos "ritos chineses". A bula de condenação foi assinada em 11 de julho de 1742. Foi promulgada na China na época das correntes xenófobas, que eram particularmente virulentas. Os jesuítas só saíam às ruas acompanhados por uma escolta, e Incarville devia se contentar em coletar suas ervas no parque da residência jesuíta de Pequim.

Todas essas contrariedades, somadas aos naufrágios dos navios que deviam trazer suas amostras, não o impediam de prosseguir com seu trabalho, que, além da botânica, incluía o trabalho no vidro, na seda e no algodão, bem como a arte dos fogos de artifício... No entanto, foi a primeira disciplina que o levou a ficar conhecido fora da China. Terrenz (Johann Schreck), morto um século antes e já referido no campo da astronomia, deixara um herbário descrevendo cerca de quatrocentas espécies de plantas medicinais, que ficara escondido para que não desaparecesse. Incarville o descobriu em 1746, mandou copiá-lo e começou a traduzi-lo (o original era em chinês).

A correspondência com Jussieu ocupou um lugar significativo. Desde sua viagem de chegada, ele lhe enviara sementes, animais, conchas. Além das encomendas que lhe eram feitas, coletava tudo que lhe parecia novo, inclusive reproduções: "Eu lhe envio todas as flores

---

6. Título completo: *Descrição geográfica, histórica, cronológica, política e física do império da China e da Tartária chinesa, enriquecida com mapas gerais e particulares desses países.*

pintadas que vejo", escreveu de Macau. Os pacotes eram excêntricos: "Numa terceira caixa de bambu, há lichias secas, figos de barris secos e laranjas da China que são ótimas quando consumidas frescas"[7].

As trocas eram recíprocas. Em 1752, Incarville, que nesse ínterim fora eleito membro correspondente da Academia de Ciências, pediu a Jussieu que lhe enviasse sementes de sensitiva, porque "o imperador gosta de flores"[8]. Suas primeiras plantações superaram as expectativas a ponto de o próprio imperador Kienlong ter ficado "encantado com o charme delas"[9]. Ele podia entrar livremente no jardim imperial e dar instruções sobre o cultivo das flores europeias.

Sua morte precoce aos 51 anos em 12 de maio de 1757 interrompeu os trabalhos. Ele não teve sucessor, e sua obra caiu praticamente no esquecimento, exceto na Rússia.

UM MISSIONÁRIO DO FUTURO: PIERRE TEILHARD DE CHARDIN

A partir da segunda metade do século XVIII, quando as coleções botânicas e zoológicas já estavam bastante enriquecidas com as descobertas dos "novos mundos" (com as quais os jesuítas contribuíram bastante), a questão era o que unia essas espécies entre elas, que às vezes eram muito semelhantes. A hipótese de uma evolução contínua teve sua primeira formulação elaborada pelo francês Jean-Baptiste de Lamarck (1744-1829) em 1809 e uma expressão mais satisfatória pelo inglês Charles Darwin (1809-1882) meio século depois.

O conceito de mutação ou de transformação das espécies teve implicações muito além das representações científicas. Isto é, a teoria de que a natureza muda, de que os princípios do ser não são mais

---

7. Citado por Henri Bernard-Maître, *Le Père Le Chéron d'Incarville, missionnaire français de Pékin*, 10-11.
8. Carta para Jussieu do dia 17 de novembro de 1742, obra citada, 19.
9. Carta do dia 26 de dezembro de 1753, citada por id., 47.

marcados pela permanência. A "espécie" é o que define as grandes categorias do mundo vivo. Ela é a base do que poderíamos chamar de "metafísica natural". As espécies não foram estabelecidas por Deus no início do mundo (segundo Gênesis, Deus criou os animais "de acordo com sua espécie")? Argumentos metafísicos foram invocados contra o "transformismo".

Poucos jesuítas pareciam participar desses novos debates. No entanto, a revista dos jesuítas franceses, *Études*, fundada em 1856, inicialmente referia-se à teoria darwiniana de modo bastante neutro. Em seu "Bulletin scientifique" [*Boletim científico*], de 1869[10], Ignace Carbonelle (1829-1889), jesuíta belga que em 1875 fundou a "Sociedade científica de Bruxelas" e a *Revue des Questions Scientifiques* [*Revista das Questões Científicas*] (que ainda existe), escreveu que o darwinismo apresentava respostas satisfatórias e que "pode[ria] servir de base a futuras pesquisas". Quanto às repercussões religiosas, declarou que "alguém que a estudar em si mesma se convencerá de que até agora ela não tem nenhuma orientação antirreligiosa, e que provavelmente não terá nenhuma dificuldade com o dogma". Esse professor de ciência de Louvain era um dos raros jesuítas da época que admitia favoravelmente a ideia de uma evolução das espécies.

No entanto, de uma hora para outra, o tom mudou. Em uma série de artigos bem documentados, divididos em dez números entre 1878 e 1879, com o título de "O darwinismo", Achille Haté (1829-1918), jesuíta francês, se esforçou para defender a tese de que "o darwinismo não é uma verdade comprovada, é apenas um sistema de explicação, uma hipótese que a inteligência não é obrigada a aceitar". É nesse contexto que o jovem Pierre Teilhard de Chardin (1881-1955), já familiarizado com a história natural, foi convidado por seus superiores, após finalizar sua formação, a ingressar no laboratório de paleontologia de Marcellin Boule (1861-1942).

---

10. *Études*, nº 23, 1869, 472-482.

Teilhard passou a ser universalmente conhecido. A celebridade que gozou enquanto vivo, e sobretudo depois de sua morte, graças à publicação de suas obras, fez com que várias outras obras lhe fossem consagradas. Aqui, nos limitaremos a lembrar de alguns dados essenciais. Se admitirmos que Teilhard foi um grande cientista, reconhecido por seus colegas (eleito para a Academia de Ciências e indicado pelo Collège de France), compreenderemos que ficou à margem de seu mundo religioso, ou até mesmo que foi "condenado" pela Igreja, ou que suas ideais novas não coadunavam com a tradição, à qual ele tinha de aderir. É importante mostrar que para Teilhard havia uma grande coerência entre suas pesquisas científicas, as ideias daí deduzidas e suas convicções e crenças, inseridas em uma linha espiritual particular.

Comecemos por nos lembrar da importância da obra científica de Teilhard. Suas reflexões sobre a "noosfera" ou o "ponto ômega" correm o risco de fazer esquecer que, tal como seus jovens colegas, o francês Pierre Leroy (1900-1992) e o belga Édouard Boné (1919-2006), professor em Louvain, ele era no início e permaneceria por toda a vida um geólogo e paleontólogo, pesquisador de campo, bem como autor de grande quantidade de monografias e pesquisas científicas[11].

Os primeiros trabalhos de campo revelaram sua excelente qualidade de pesquisador, apreciada por seu mestre Marcellin Boule. Era capaz ao mesmo tempo de observações finas, de análises precisas e de agrupamentos sintéticos pertinentes. Não se contentava em acumular dados nem gostava de organizá-los; seu gosto por uma visão de conjunto o levou a perceber a importância do fator evolutivo. Uma reversão ocorreu em seu pensamento: da perspectiva estática de uma visão "essencialista" dos seres, na qual a noção de espécie se revestia

---

11. Essa parte de sua obra foi reunida e editada por Karl e Nicole Schmitz-Moormann em onze espessos volumes.

de um caráter de permanência, à perspectiva temporal, fundamentalmente histórica, que é a de uma criação em evolução constante. Nada é definitivo nas formas concretas dos componentes do mundo: tudo está em evolução.

Isso o levou a uma segunda etapa: o reconhecimento das múltiplas interconexões. Muito cedo, teve a intuição de que a verdadeira "consistência" dos seres não estava apenas em sua própria evolução, mas sobretudo nas relações que estabelecem uns com os outros. Podemos considerar essa visão "mística": tudo se realiza na comunhão. Mas isso tem consequências muito concretas: não é possível estudar com seriedade um organismo fazendo abstração de seu meio ambiente não apenas biológico, mas também geológico. Isso o levou a apresentar uma nova disciplina, a "geobiologia", segundo a qual os seres vivos formam um único sistema, cujos elementos são organicamente dependentes. A camada orgânica na qual ele acreditava não estaria fisicamente separada da massa geral da Terra. Essa linha de pesquisa não teve continuidade, mas a ideia mais ampla de complexidade é hoje em dia mais reconhecida na reflexão científica.

O temperamento intelectual de Teilhard é o de um pesquisador. Desde os primeiros textos, compostos ao longo da Primeira Guerra Mundial, já citados na introdução, ele ressalta o "eu" da aventura e da pesquisa, o que quer sempre ir aos limites extremos do mundo, para ter novas e raras visões e para afirmar que ele estava "na vanguarda"[12]. Para ele, a pesquisa era mais do que uma questão de temperamento pessoal, de característica individual; era o que constituía a humanidade, o que expressava o valor da condição humana, "a mais alta das funções humanas". Mais do que atingir o bem-estar material, o homem procura conhecer para poder agir no sentido de uma evolução que é um prolongamento da criação divina. Cabe à humanidade se incumbir da evolução, e não somente se deixar levar por ela; fazê-la

---

12. "La nostalgie du front" [A nostalgia do *front*] (1917), *Oeuvres*, t. XII, 231.

progredir rumo ao ultra-humano, a "sobrevida". "Ao se tornar adulto, o homem é irresistivelmente levado à incumbência da evolução da vida sobre a Terra."[13]

Para ele, não há oposição à dimensão cristã do homem. É possível acreditar – e é um pouco a tendência religiosa de sua época – que a fé conduz ao abandono, à deserção das obras mundanas em prol do "céu". Teilhard reconhece o que chama de conflito de "duas fés": "mística neo-humana de um *en avant* [para frente]" e "mística cristã do *en haut* [para o alto]". E, no entanto, esse conflito não tem razão de ser, porque as duas dimensões, cada uma legítima dentro de sua ordem, representam "os dois componentes essenciais de uma mística humano-cristã completa"[14], a evolução está situada num "ponto central de personalização irreversível".

A abordagem de Teilhard está profundamente inserida na tradição inaciana. A imagem de um "franco-atirador" na Igreja e na ordem deve ser fortemente matizada. As críticas que recebeu por parte de alguns de seus confrades e as medidas autoritárias que o atingiram por parte de alguns de seus superiores foram compensadas por inúmeros apoios, por amizades profundas com grandes figuras da Companhia no século XX, como Léonce de Grandmaison, Auguste Valensin, Pierre Charles, Henri de Lubac e René d'Ouince, seu superior na comunidade da rua Monsieur, autor de uma notável biografia[15].

Eles entenderam que a abordagem intelectual de Teilhard era subentendida por uma perspectiva espiritual. A importância *ad extra* de sua obra científica não deve anular a advertência de André Ravier, que conhecia bem a história da espiritualidade e que foi seu último superior: "Qualquer estudo de sua personalidade que não seja baseado em sua vida interior é deficiente [...] Teilhard é antes de tudo um religioso,

---

13. "La valeur religieuse de la recherche" [O valor religioso da pesquisa], *Oeuvres*, tomo IX, 251.
14. Id., 252.
15. *Un prophète en procès* [*Um profeta em processo*], Teilhard de Chardin (2 vols.).

CAPÍTULO VIII.
A HISTÓRIA DA NATUREZA

um filho de Santo Inácio, um padre, um missionário: não nos esqueçamos disso"[16]. À obra *Milieu divin* [*Meio divino*], terminada em 1927, precede *Le Phénomène humain* [*O fenômeno humano*], cuja primeira versão é de 1940. O risco era abordar as ideias teilhardianas sem considerar a corrente mística que lhes dá sentido. Os *Écrits du temps de la guerre* [*Os escritos do tempo da guerra*], que reúnem textos redigidos durante a Primeira Guerra Mundial, trazem bons depoimentos do processo de amadurecimento de suas obras. Neles, encontramos as principais intuições que foram mais tarde aprimoradas, principalmente pelos elementos científicos.

Teilhard acreditava ter captado novas dimensões; no entanto, a visão evolutiva que revela a ciência de seu tempo lhe parece não somente compatível com a visão cristã, mais ainda que as representações estáticas inspiradas pelas metafísicas antigas. Sua dificuldade vem da defasagem que ele sentia entre suas profundas intuições e as expressões religiosas comuns de sua época. Como muitas pessoas de sua geração, ele constatou que a consciência do homem moderno no Ocidente tomava novas dimensões e que a mensagem da Igreja como era normalmente apresentada não estava à altura do desafio proposto. Essa mensagem parecia desassociada da vida concreta do mundo, das aspirações da humanidade, dos grandes desejos de progresso, da grande corrente da evolução cósmica. Ao contrário, para Teilhard, a mensagem bíblica encontrava novas ressonâncias nesse contexto. A história do cosmos se insere na história da salvação. Temos de ser prudentes a respeito das "convergências" que ele encontrava entre a evolução biológica e o crescimento muitas vezes escondido do reino de Deus. No plano científico, isso o levou a sobrevalorizar as direções evolutivas para ressaltar melhor suas conclusões no único "ponto ômega". Essa prudência depende ao mesmo tempo das ciências e da teologia,

---

16. "Teilhard et l'expérience mystique d'après ses notes intimes" [Teilhard e a experiência mística conforme suas notas pessoais].

que sabe que a realização da criação não é somente o resultado dos esforços das criaturas. Aliás, a posição de Teilhard muitas vezes era menos rígida do que alguns resumos feitos por ele próprio.

Em que medida sua abordagem é "inaciana"? Essa questão não foi muito abordada na literatura teilhardiana. O próprio Teilhard não deixou muito mais reflexões sobre essas matérias, apenas anotações de retiro[17]. A apresentação que era feita em sua época dos *Exercícios espirituais*, insistindo sobre a dimensão ao mesmo tempo individualista e ascética, nada tinha de especial que o atraísse. Para ele, não se chega a Deus pela ruptura com o mundo, renunciando ao enraizamento carnal, concreto, material, do humano no cosmos, mas atravessando essa matéria, tanto ambivalente quanto portadora desde a encarnação da "carne de Deus". Em 1942, ele escreveu: "O mundo se tornou tão sagrado aos meus olhos em seu dinamismo que não vejo como '*sair dele*' [...] manifesta uma *preferência* dada a Jesus.". Há uma expressão característica de sua abordagem espiritual: "Não se abdica, procura-se mais alto"[18].

Se há uma ressonância, é na dimensão cristológica. Como para Inácio, "companheiro de Jesus", a figura do Cristo é central, pois representa o encontro íntimo do divino e do humano. De acordo com a feliz expressão do teólogo jesuíta Gustave Martelet, Teilhard é o "profeta de um Cristo sempre maior"[19]. Seu Cristo é o Cristo universal, "por quem tudo foi feito", como diz o símbolo da fé. A encarnação expressa a solidariedade, a união íntima entre Deus e o mundo. Sua espiritualidade é profundamente encarnada. Desse modo, todas as atividades humanas, especialmente a pesquisa científica, contribuem para a chegada do reino de Deus. Seguir a Cristo não conduz para fora do mundo.

---

17. Cf. *Notes de retraites (1919-1954)* [*Notas de aposentadoria*], 2003.
18. Id., 218 e 120.
19. *Teilhard de Chardin, prophète d'un Christ toujours plus grand: primauté du Christ et transcendance de l'homme* [*Teilhard de Chardin, profeta de um Cristo sempre maior: primazia do Cristo e transcendência do homem*], 2005.

derás
IX
UMA CIÊNCIA JESUÍTA?

Ao término desse percurso histórico por diferentes épocas e diversas disciplinas, podemos retomar a pergunta que fazia um dos melhores especialistas na relação entre a Companhia de Jesus e a ciência moderna: "*Why Jesuits?*". Em outras palavras: "Como uma corporação religiosa, composta sobretudo de teólogos formados na universidade e de padres dedicados inicialmente ao 'cuidado das almas', foi capaz de produzir um conjunto de aproximadamente 5 mil títulos publicados, relativos praticamente a todos os ramos das ciências naturais e matemáticas, e que compreendeu um corpo de padres-matemáticos, de padres-astrônomos, de padres-filósofos e de padres-naturalistas, ativos por um período contínuo de quase duzentos anos[1]?" A questão formulada se refere aos primeiros séculos de existência da Companhia, antes de sua extinção em 1773. No entanto, continua válida para nós atualmente, ainda que o contexto tenha mudado por completo. Em suas determinações fundamentais, a missão da Companhia de Jesus não mudou.

AS LIÇÕES DA HISTÓRIA

Quais foram as contribuições dos jesuítas no campo científico? Lembremo-nos da citação de Michelet colocada em destaque, que pode

---
1. S. Harris, "Confessio-Building", 288.

ser resumida assim: a mecânica dos jesuítas foi poderosa, eficaz; a ordem representou inegavelmente uma força social, mas essa eficácia coletiva foi também uma fraqueza. A Companhia nada trouxe de substancial ao progresso da pesquisa porque não contou com homens geniais, ou, se ela os teve, foram impedidos de se desenvolver por imposição do coletivo. Esse diagnóstico pode nos parecer mais flexível se analisarmos algumas figuras sobre as quais já falamos e cuja contribuição na elaboração de novas teorias foi primorosa, como Clavius, Boscovich, Teilhard e alguns outros. Contudo, temos de admitir que a principal contribuição da Companhia para o mundo não se situa tanto no nível de "grandes homens", cuja história clássica das ciências a ela está relacionada, quanto em uma estrutura de conjunto. Não são as "figuras" fora do comum que caracterizam a maneira de agir dos jesuítas, mas um conjunto coeso, um "corpo" de pessoas relacionadas.

As motivações que os levaram à dedicação ao trabalho científico são diversas:

- Razões meramente utilitárias, particularmente no campo médico: o conhecimento de algumas plantas como base da fabricação de novos remédios.
- Outros motivos que também podemos qualificar de utilitários num sentido mais amplo, como o fato de se interessarem pelo convívio com pessoas bem colocadas em altos postos, que por conseguinte poderiam conceder seu apoio político ou financeiro à Companhia. Na sociedade ainda fortemente hierarquizada dos séculos XVI e XVII, esse tipo de fato contava.
- Motivações ligadas às mutações culturais da época. Os primeiros jesuítas compreendem bem não somente a importância da formação intelectual dos cristãos, e em especial do clero, mas também o lugar de uma dimensão científica nessa formação. A visão do mundo estava em profunda mutação, e era importante acompanhar essa mudança, ainda que fosse apenas para conhecer alguns componentes.

- Finalmente, um motivo teológico. A contemplação da natureza deve despertar o espírito para a contemplação do seu autor, como vimos em José de Acosta. Aqui também os jesuítas estão conscientes da crescente secularização da cultura. A nova imagem do mundo não tem uma repercussão religiosa imediata. Isso significa que o mundo é completamente autônomo, desprovido de qualquer dimensão transcendente? A ação divina se limita ao plano "espiritual"? A espiritualidade inaciana recusa esse dualismo.

O lugar principal de investimento científico foi constituído por estabelecimentos de ensino, os "colégios", o que engloba hoje em dia tanto os estabelecimentos secundários quanto as universidades. Esse campo de atividade não foi inicialmente previsto por Inácio e seus primeiros companheiros, mas eles logo compreenderam sua importância. A ciência foi um componente da formação, em particular a matemática, que no Colégio Romano moldou os estabelecimentos de ensino. Christoph Clavius defendeu a importância contra a opinião comumente recebida. Tratava-se de formar exatamente o pensamento. Vimos as consequências do surgimento de uma física matemática com Galileu. Descartes se aproveitou igualmente dessa formação

UM FUNCIONAMENTO EM REDE

Uma primeira característica é a multiplicação de locais e suas mútuas conexões, que contribuem para um funcionamento em rede, fazendo da Companhia uma das primeiras sociedades científicas. No Antigo Regime, a Companhia comandava uma das redes institucionais mais extensas e complexas. O exemplo de Atanásio Kircher é significativo: ele não se contentava em coletar informações graças a uma rede mundial, mas as publicava em grandes enciclopédias numa época em que não existia nenhum jornal erudito. A composição internacional da Companhia facilitou a circulação de pessoas e informações. Havia a presença nos "países missionários", ou seja, nos novos mundos ainda mal conhecidos ou francamente desconhecidos dos europeus, como a Ásia (principalmente a China) e a América. A África foi ocupada mais tarde. Os jesuítas estavam entre os primeiros a coletar plantas e animais, a se interessar pelas culturas locais, a aprender as línguas, a escrever a história desses povos. Antes do desenvolvimento das pesquisas mais sistemáticas, eles já reuniam um impressionante patrimônio de materiais que mais tarde alimentou a reflexão dos naturalistas.

Essas informações foram amplamente divulgadas. Desde seus primórdios, a Companhia teve o costume de trocar correspondências entre o centro (romano) e a periferia. As notícias do mundo inteiro não eram apenas arquivadas, também eram difundidas em outros lugares. Mencionamos obras como a *Historia* de José de Acosta ou a *Descrição da China* de Jean-Baptiste Du Halde. As *Cartas edificantes e curiosas* (1702-1776) reuniram relatos dos diferentes continentes que tiveram grande sucesso. O *Journal de Trévoux* dos jesuítas franceses, publicado de 1701 a 1767, é uma mina de informações para o público culto do século XVIII, embora a polêmica contra a filosofia "materialista" dos enciclopedistas tenha lhe custado as mais vivas e mais irônicas críticas de Voltaire.

O VALOR DA EXPERIÊNCIA

Outro componente é o papel desempenhado pela *experiência*. Os colégios geralmente tinham observatórios. A física era ensinada cada vez menos por meio de livros (como os comentários do tratado *Do céu* de Aristóteles) e cada vez mais por meio da observação da natureza e dos instrumentos. Uma das características dessa experiência é sua precisão – revelada pelo historiador William Ashworth por meio de suas observações. Giovanni Battista Riccioli fazia experiências com o pêndulo. Nove de seus confrades foram convidados para contar 87 mil oscilações de um pêndulo regulado ao segundo. O erro resultante era de apenas 3%!

Isso complementava a evolução do conceito de experiência, evidenciado pelo historiador científico Peter Dear[2]. Na ciência medieval, os acontecimentos eram ilustrações dos princípios gerais. A experiência tinha um objetivo pedagógico: mostrava de modo sutil os princípios abstratos da filosofia natural. Os acontecimentos que não entravam nessas leis eram "monstros", fossem eles "não naturais" ou "sobrenaturais".

A ciência experimental dos tempos modernos leva mais em conta o acontecimento singular, correndo o risco de contestar os princípios tidos como adquiridos. A astronomia, que desempenhou um papel determinante na formação da ciência moderna, se apoiou nas observações de novos fenômenos (lembremo-nos do *Mensageiro celeste* de Galileu). Em que proporção essas observações puderam servir de apoio para a formulação de leis universais? Esta questão epistemológica da indução constitui um importante terreno de reflexão para os matemáticos jesuítas do século XVII formados dentro da tradição de Aristóteles. Não entraremos aqui nos detalhes desses debates complexos. Aqui, nos limitaremos a ressaltar que a experiência no sentido moderno da palavra não se baseia na simples observação dos fenômenos; um pouco como os *Exercícios espirituais,* ela segue um procedimento construído, uma abordagem elaborada que abrange um âmbito particular.

PRUDÊNCIAS EXCESSIVAS?

Em contrapartida a esse sentido incisivo da singularidade da experiência, constata-se os lembretes recorrentes à "uniformidade" da

---

2. *Discipline and Experience: The Mathematical Way in the Scientific Revolution*, 1995.

doutrina e à adesão à física aristotélica. É um ponto difícil na história da ciência jesuíta, habitualmente ressaltado pelos adversários da Companhia. Podemos ver aí um freio ao desenvolvimento da ciência. Sob a aparência de modernidade, haveria um tradicionalismo mais fundamental. Sem esconder essa restrição, temos de reconhecer que as práticas eram mais abertas. Além disso, num contexto de crise vemos aí o desejo de não romper muito abruptamente a continuidade de uma história. Com quatro séculos de distância, é fácil fazer julgamentos que identifiquem a falsidade de posições que, como a imobilidade da Terra, não mais se justificam hoje em dia. No contexto da época, isso era menos claro. O comprometimento com um novo mundo não era uma tarefa fácil, principalmente quando se tinha a responsabilidade de formar jovens. Embora deplorando algumas medidas autoritárias, podemos compreender a prudência de alguns diante daquilo que ainda estava mal definido, como as teorias aventureiras. Tudo isso se renovou com Teilhard de Chardin. Mais do que uma oposição às suas teses, seu silêncio resultava de uma medida de precaução que visava a se proteger contra si próprio e a evitar uma condenação formal.

Lembremo-nos também da observação de Leibniz ao visitar Roma em 1689: ele se queixou da falta de liberdade nas pesquisas. Em sua reflexão sobre a difícil questão da censura dos trabalhos científicos, Marcus Hellyer destacou que esse filósofo, defensor da liberdade de pensamento, continuava, no entanto, preocupado, temendo que essa liberdade levasse a desnecessárias e infrutíferas controvérsias[3]. Não era fácil determinar os critérios de demarcação quando se tratava de uma visão do mundo cujas consequências às vezes excediam a percepção de seus autores.

A dimensão crítica faz parte da formação da inteligência. John Heilbron relatou esse propósito do jesuíta italiano Niccolò Cabeo (1586-1650): "Se vocês nunca questionaram as doutrinas de Aristóte-

---

3. *Catholic Physics. Jesuit Natural Philosophy in Early Modern Germany*, 2005.

les, o seu comentário não será o de um filósofo, mas o de um gramático"⁴. Os cientistas da Companhia eram receptivos à liberdade de pesquisa, como comprova esta declaração de Christoph Grienberger, que merece ser reproduzida integralmente:

> Uma nova cosmografia parece necessária porque a antiga foi profundamente mudada nesses últimos tempos e porque inúmeras melhorias foram adquiridas. Mas a questão que foi levantada se refere a saber se é conveniente para nós, jesuítas, fazê-la. Parece-me que chegou o tempo de dar mais liberdade de pensamento tanto aos matemáticos quanto aos filósofos sobre a matéria [da constituição dos céus], porque a fluidez e a corruptibilidade dos céus não são absolutamente contrárias à teologia ou à filosofia, e ainda menos à matemática⁵.

Isso é coerente com a capacidade de iniciativa com a qual os missionários jesuítas estavam geralmente habituados. A formação que recebiam servia para ajudá-los a encontrar formas que convinham aos novos contextos em que eram enviados. Não se trata tanto de reproduzir um modelo teórico preconcebido, mas de saber aproveitar uma herança para inventar novas maneiras de fazer. O procedimento de formação permitia entrar na continuidade de uma tradição, mas de uma maneira que permitisse desenvolver suas qualidades próprias, sem se limitar à reprodução mecânica ou a uma forma de obediência que não passaria de uma execução passiva. Uma expressão de Inácio de Loyola reflete isso. Ele aconselha a um superior local muito escrupuloso, Olivier Manare (1523-1614), o seguinte: "Quero que você aja em tudo sem escrúpulos, como você achar que é preciso fazer segundo as circunstâncias, apesar das regras e dos regulamentos"⁶. A consideração das "circunstâncias", isto é, dos acontecimentos que ocorrem, é um elemento essencial do procedimento inaciano.

---

4. J. Heilbron, *Electricity*, op. cit., 110.
5. Citado por Ugo Baldini, *Legem impone subactis*, 1992, 235.
6. Citado por Maurice Giuliani, *L'acceuil du temps qui vient*, 2003, 271.

O SIGNIFICADO DE UM ENGAJAMENTO ATUAL

Isso se refere à história, sobretudo a da "primeira" Companhia. E hoje em dia? Essa missão tem ainda um sentido? Podemos responder afirmativamente ao observar o que existe. Sem dúvida, a equipe jesuíta do Observatório do Vaticano é o exemplo mais significativo. No entanto, as ciências "duras" não representam mais um investimento tão consequente quanto no passado. Em seu inventário dos observatórios jesuítas, Agustín Udías notou uma mudança nos anos 1970 que levou ao fechamento de vários estabelecimentos. Nesse campo de pesquisa, como dissemos, podemos evocar razões financeiras, pois os equipamentos ficaram cada vez mais caros. No mesmo período, outras razões despertaram mais o interesse pelas ciências humanas do que pelas ciências naturais. No momento em que a psicanálise, a sociologia e a etnologia estavam em pleno desenvolvimento, era importante marcar presença nessas áreas. Na França, Michel de Certeau (1923-1982) é um bom representante desse investimento profissional nas ciências humanas. Poderíamos dizer a mesma coisa atualmente a respeito das neurociências ou das nanotecnologias, campos novos nos quais os jesuítas puderam se engajar.

Em documentos recentes da Companhia, a ciência não está ausente. Em 1965 a 31ª Congregação Geral consagrou um de seus decretos (n° 29) ao trabalho e à pesquisa científica a fim de estimular o investimento nessa área. Tratava-se de dar continuidade às transformações culturais do mundo contemporâneo dentro do espírito do Concílio Vaticano II que estava se encerrando. O texto do decreto se inicia nos lembrando de sua importância:

> O trabalho científico, especialmente o trabalho de pesquisa propriamente dito, deve ser estimado e considerado um dos ministérios mais necessários da Companhia. É um gênero de apostolado muito eficiente, absolutamente de acordo com a longa tradição que data dos

primórdios da Companhia [cf. Clavius e Bellarmino]; especialmente há um século responde plenamente às recomendações reiteradas dos soberanos pontífices; é mais adaptado às necessidades de nossos contemporâneos, porque constitui um excelente ponto de partida para iniciar e prosseguir o diálogo com eles, ainda que estes sejam incrédulos, para dar-lhes confiança na Igreja, para elaborar e divulgar a síntese da fé e da vida (nº 547).

Em seguida, incentiva os superiores a se preocupar com a formação de jovens jesuítas nesse campo e os que aí já trabalham a se consagrar inteiramente a "um encargo que de certo modo exige o homem todo" (nº 549). Finalmente, é lembrado de que convém respeitar "a justa liberdade de pesquisar, de pensar e manifestar suas opiniões com humildade e coragem nas matérias em que são competentes" (nº 551).

A FORMAÇÃO DOS ASTRÔNOMOS

As atividades do Observatório do Vaticano são um bom exemplo de uma maneira de fazer. Sem ser um dos principais lugares da pesquisa em astrofísica, o Observatório vê sua competência científica reconhecida. Isso lhe permite entrar em diálogo com o mundo da pesquisa e oferecer espaços de troca no que se refere às questões contíguas. As teorias cosmológicas levantam novas questões nas áreas filosóficas e teológicas, que só podem ser abordadas seriamente com base num mínimo de conhecimento dessas teorias.

Outro investimento significativo é constituído pela formação oferecida aos jovens astrônomos, oriundos geralmente de países em desenvolvimento. Essa dimensão social da missão retoma a tradição dos observatórios jesuítas situados nesses países (citamos o de Madagascar), cuja transferência de competência havia preparado a transição na substituição dos cientistas locais.

AS QUESTÕES AMBIENTAIS

Outro setor é o das questões ambientais. A conscientização ecológica é crescente em todas as sociedades, e a missão da Companhia de Jesus não pode ignorá-la. A ecologia não é somente um comprometimento militante ou uma mudança de modo de vida, é também uma disciplina científica que estuda as relações dos organismos vivos com seu meio ambiente. O engajamento ecológico foi ressaltado durante as últimas congregações gerais. A última, a 35ª, realizada em 2008, declarou em seu decreto 3: "A Congregação incita todos os jesuítas e seus parceiros engajados na mesma missão, em particular nas universidades e nos centros de pesquisa, a continuar a promover estudos e práticas focados nas causas da pobreza e na melhoria do meio ambiente" (nº 35). Note-se a aproximação entre dimensão social e dimensão ambiental. Ao lado de uma reflexão global sobre o "estilo de vida" ecológica ou de propostas espirituais de "retiros ecológicos"[7], são realizadas pesquisas mais especializadas, sobretudo na área agrícola. Por exemplo, na Zâmbia, Roland Lesseps, jesuíta americano que ensinou biologia na universidade de Loyola em Nova Orleans, contribuiu para reorientar o centro de formação agrícola de Kasisi para preservação do meio ambiente e também da justiça social[8]. Esse centro ajuda, por exemplo, agricultores modestos a cultivar algodão orgânico, evitando os pesticidas, que têm um impacto negativo sobre a saúde.

Alguns traços são característicos desse novo campo de trabalho:

- Não nos surpreenderá ver representada a dimensão religiosa. Respeitar o meio ambiente é respeitar a obra do Criador. Certo número de teólogos jesuítas contribui para a reflexão ecológica.

---

7. Um local pioneiro é o Centro Espiritual Loyola, de Guelph, no Canadá anglófono, administrado por Jim Profit: <www.loyolahouse.com>.
8. Cf. <www.loyno.edu/-katc/aboutus.htm>.

- Um segundo traço reflete bem a herança da Companhia na ênfase dada à formação em particular da juventude. A rede internacional de colégios e universidades jesuítas é propícia à sensibilização dos estudantes a respeito das questões ambientais. Programas de formação estão disponíveis em diferentes instituições. Podemos citar o que se faz na Universidade Javeriana, de Bogotá (na Colômbia), para formar estudantes de primeiro ciclo. Essa universidade jesuíta tem uma faculdade de estudos ambientais e rurais (*Facultad de estúdios ambientales y rurales*) que forma especialistas e inicia na ecologia estudantes de outras disciplinas.
- Um terceiro traço indica uma evolução recente. Trata-se de iniciativas jesuítas que envolvem também numerosos leigos, e os jesuítas não são os únicos a movimentar programas de pesquisa e formação. Às vezes os leigos engajados são membros da "família inaciana", que agrupa a Companhia de Jesus, as congregações femininas e os movimentos laicos, como a Comunidade de Vida Cristã, todos de espiritualidade inaciana.
- O quarto traço é também uma nova ênfase que repercute a recomendação da 32ª Congregação Geral da ordem, convidando a unir o anúncio da fé e a promoção da justiça. A reflexão no campo ecológico é indissociável da dimensão social. Não há oposição entre os dois nem necessariamente prioridade de um sobre o outro. Os agentes de campo sabem bem que assegurar a justiça diz respeito tanto às relações inter-humanas quanto às relações com o meio ambiente natural.

O engajamento com as problemáticas ambientais não depende de modo direto do campo do trabalho científico, como era o caso das atividades abordadas anteriormente. Portanto, parece-me concebível acrescentá-lo a nossa reflexão, porque não somente está "em sintonia com o tempo", mas também indica uma mudança significativa segundo a qual a dimensão de busca fundamental está associada a um engajamento na sociedade.

CONCLUSÃO

Uma das fórmulas inacianas mais características recomenda "ver Deus em todas as coisas". Deus está presente no mundo, e sua presença atuante é perceptível nos fenômenos do mundo. A ação divina não consiste apenas em contemplar por meio da introspecção a transformação da "alma" do crédulo. Tampouco se limita apenas aos "milagres", aos fenômenos extraordinários por meio dos quais parece que Deus vai se manifestar, transgredindo as leis naturais.

A dificuldade para o espírito moderno encontra-se no fato da ciência buscar explicações para a evolução do mundo sem recorrer a causas "transcendentes". Parece cada vez mais difícil ver Deus como uma "causa" de alguns acontecimentos particulares que se distinguiria da causalidade ordinária. Teria Deus abandonado os fenômenos do mundo em prol da interioridade da vivência? Esse desafio, os cientistas jesuítas tentaram enfrentar, apoiados na intuição de que a ação de Deus não faz número com o curso do mundo e a história humana.

Entrando sem dificuldade na abordagem científica moderna, os jesuítas eruditos se sentiram cúmplices, mesmo involuntariamente, da secularização que parece caracterizá-la? Desse modo, é possível compreender as acusações de comprometimento com "o espírito do mundo" que não tardaram a chegar contra aqueles que têm a razão em alta estima. Responder a essas questões nos leva a tentar extrair, como esboço conclusivo, alguns grandes componentes do "modo de proceder" inaciano, típico da missão jesuíta em geral, que encontramos expresso de forma particular no apostolado científico.

CONFIANÇA NA RAZÃO HUMANA

Esse comprometimento requer antes de tudo grande confiança na razão humana. Desde sua origem, a espiritualidade inaciana se insere na grande corrente do humanismo. Basta lembrar o que evocamos no primeiro capítulo: a formação de Inácio na Paris renascentista e a presença de algumas grandes figuras, como Jeronimo Nadal (1507-1580), que marcaram as primeiras orientações intelectuais da nova ordem religiosa. Um olhar positivo foi voltado para a cultura local por mais assustadora que ela pudesse parecer à primeira vista para o espírito tradicional cristão. O tipo de ação apostólica praticada na China continua um modelo do gênero e um exemplo muito raro de inculturação. Ao descobrirem um novo mundo, os primeiros missionários ficaram surpresos com uma civilização completamente diferente daquela em que expressavam sua fé. Isso não os impediu de perceber que ali o evangelho poderia ser acolhido e de entrar em diálogo com seus representantes. A civilização científica dos tempos modernos é de um tipo um pouco diferente, pois se desenvolve a partir de um âmbito cristão, mas um mesmo procedimento de inculturação pode ser ali praticado.

A confiança na razão não é uma concessão ao espírito do tempo, uma espécie de compromisso com a modernidade. Baseia-se na profunda convicção de fé: Deus, que criou o homem, deu-lhe recursos para compreender o mundo com a ajuda de sua inteligência. O espírito divino que mora no homem se manifesta pela criatividade da qual ele é capaz. Mais: uma vez que Deus assumiu a condição humana, não há outro lugar para encontrá-lo senão na história humana em todas as suas dimensões.

O ESPÍRITO DE PESQUISA

Mas a razão não seria fonte de orgulho? A aventura científica moderna, sobretudo em suas incidências tecnológicas, não é ambivalente, a ponto de ser conveniente tomar certa distância crítica a seu respeito? A reflexão crítica contemporânea não deixa de questionar um "racionalismo" que não reconheceria seus limites. De fato, unicamente a razão não dá acesso à essência das coisas. Ou melhor, convém desconfiar de uma razão limitada pelos procedimentos que a humanidade de uma época soube controlar. O poder de controle dado pela razão pode voltar contra si mesmo. A tentação permanente da ciência moderna consiste em reduzir a razão aos procedimentos matemáticos conhecidos, desconsiderando que na circunstância experimental do real, sempre diferente num mundo em elaboração, por vezes representações que fazemos revelam uma abertura inesperada. Aliás, a ciência progride de acordo com esses acontecimentos que de vez em quando contestam teorias que, no entanto, eram reputadas como vigentes. A desconfiança de Boscovich a respeito de uma física reduzida a um formalismo matemático coincide com o sentido da experiência expressa por inúmeros cientistas jesuítas.

Isso se junta igualmente ao espírito de pesquisa que esteve presente ao longo dessas páginas. É o que move o cientista, assim como o missionário. Lembremo-nos da experiência teilhardiana do "'eu' da aventura e da pesquisa". A isso se opõe o espírito "instaurado", a ciência "assentada" segundo a expressão do filósofo das ciências Gaston Bachelard (1884-1962). Muitas vezes Teilhard travava polêmicas contra aqueles que pensavam que tudo já era conhecido, que não havia mais nada a ser descoberto. O espírito "dogmático" existe tanto no campo científico quanto no campo religioso, tanto entre os "eruditos" quanto entre os "crédulos". Um físico jesuíta contemporâneo, Timothy Toohig, especialista em ciências dos aceleradores, declarou que o que motiva o pesquisador é "[...] uma experiência de profunda alegria interior com um sentido de liberdade e de responsabilidade com essa liberdade; é uma experiência de abertura para uma possibilidade ilimitada, de transcendência". No cientista que não se sente à vontade com uma transcendência "superior", com o Deus de "cima" que domina o mundo e que determina seu movimento, a pesquisa que o move abre-se para outra transcendência, "adiante", um Deus que inicia uma história.

A PAIXÃO PELA UNIDADE

Um último traço que caracteriza o "modo de proceder" ou o "estilo" jesuíta no procedimento científico, e que completa o que precede, é a busca da unidade.

Podemos falar de uma "paixão pela unidade". Teilhard de Chardin via a história do mundo sob o signo da "união criativa", movimento de convergência que vai contra as forças de dispersão que provocam a volta ao "nada" primitivo. A ambição de Boscovich era a unificação da física sob a égide de uma força única. Mais amplamente, trata-se de não separar vida profissional e vida espiritual, progresso do mundo e construção do reino de Deus, corpo e alma. Todo dualismo leva inevitavelmente a valorizar um polo em detrimento do outro. Sem dúvida, a paixão pela unidade tem um risco, o risco de precipitar a síntese, reunindo elementos heterogêneos, forçando a passagem para a comunhão ao reprimir qualquer resistência. No entanto, esse desejo de comunhão não habita toda pessoa? É outro caminho para a realização do humano?

CONCLUSÃO

Um sentido de solidariedade em relação a todas as coisas expressa a interação permanente, a circulação da informação, o diálogo, as trocas e os debates, a ajuda mútua. As décadas recentes acentuam a dimensão social, a "justiça", ao contrário de certas tendências elitistas que existiram no passado. Talvez a Companhia de Jesus não tenha produzido um "grande homem" no campo científico ao longo de sua história, como observado por Michelet. Seus "grandes homens" estão em outros campos apostólicos. Contudo, sua contribuição à aventura científica pôde elevar a humanidade.

OBRAS E ARTIGOS CITADOS

ACOSTA, José de. *Histoire naturelle et morale des Indes occidentales*, trad. e ed. Rémy-Zéphir, Payot, Paris, 1979.
ALLÈGRE, Claude. *Dieu face à la science*, Fayard, Paris, 1997.
ASHWORTH, William. "*Catholicism and Early Modern Science*", *God and Nature: Historical Essays on the Encounter between Christianity and Science* (org. D. C. Lindberg e R. L. Numbers), University of California Press, Berkeley, 1986, 136-166.
BALDINI, Ugo. *Legem impone subactis. Studi in filosofia e scienzia dei Gesuiti in Italia* (1540-1632), Bulzoni, Roma, 1992.
BERETTA, Francesco. "L'héliocentrisme à Rome, à la fin du XVII siècle: une affaire d'étrangers? Aspects structurels d'um espace intellectuel", *Rome et la Science moderne: entre Renaissance et Lumières*. École française de Rome, 2008.
BERNARD-MAÎTRE, Henri. *Le Père Le Chéron d'Incarville, missionarie français de Pékin*, Cathasia, Tientsin, 1949.
BOSCOVICH, Roger. *Journal d'un Voyage de Constantinople em Pologne*, Grasset, Lausanne, 1772; *A Theory of Natural Philosophy*, trad. J. M. Child, Open Court, Chicago-Londres, 1922.
CARBONELLE, Ignace. "Bulletin scientifique", *Études*, n° 23 (1869) 472-482.
DEAR, Peter. *Discipline and Experience: The Mathematical Way in the Scientific revolution*, University of Chicago Press, 1995.
D'OUINCE, René. *Un prophète en procès*, Teilhard de Chardin (2 vol.), Aubier-Montaigne, Paris, 1970.

FANTOLI, Annibale. *Galilée. Pour Copernic et pour l'Église*, Observatório do Vaticano, 2001.

FEINGOLD, Mordechai (ed.). *The New Science and Jesuit Science: Seventeenth Century*, Kluwer Academic, Dordrecht, 2003.

GAUBIL, Antoine. *Correpondance de Pékin* (1772-1759), pref. P. Demiéville, ed. J. Dehergne e R. Simon, Droz, Genebra, 1970.

GIARD, Luce. "Jésuites", in *La Science classique: XVIe-XVIIIe siècles. Dictionnaire critique* (dir. M. Blay e R. Halleux). Flammarion, Paris, 1998.

GIULIANI, Maurice. *L'accueil du temps qui vient. Études sur saint Ignace de Loyola*, Bayard, Paris, 2003.

HALDE, Jean-Baptiste Du. *Description géographique, historique, chronologique, politique et physique de l'empire de la Chine et de la Tartarie chinoise, enrichie des cartes générales et particulières de ces pays*. 4 vol., H. Scheurleer, La Haye, 1736.

HARRIS, Steven. "Les chaires de mathématiques", in *Les jésuites à la renaissance. Systéme éducatif et production du savoir*. P.U.F., Paris, 1995; "Confession-Building, Long-Distance Networks, and the Organization of jesuit Science", *Early Science and Medicine*, 1/3 (1996) 287-318; "Jesuit Scientific Activity in the Overseas Missions, 1540-1773", *Isis*, 96 (2005) 71-79.

HATÉ, Achille. "Le darwinisme", *Études*, 10 art., 1878-1879.

HEILBRON, John. *Electricity in the 17th and 18th Centuries: A Study in Early Modern Physics*, Berkeley, 1979; *Elements of Early Modern Physics*, Berkeley, 1982.

HELLYER, Marcus. *Catholic Physics. Jesuit Natural Philosophy in Early Modern Germany*, University of Notre-Dame, 2005.

HEINRICI, Peter. "The Philosophy of Science of Ruder Boskovic", in *Proceedings of the Symposium of the Institute of Philosophy and Theology* S. J., Zagreb, 1987.

LANDRY-DÉRON, Isabelle. "Les mathématiciens envoyés em Chine par Louis XIV en 1685", *Archives of history of the Exact Sciences*, 55 (2001) 423-463.

LEÃO XIII. *Allocutiones, epistolae, constitutiones*, t. 4, Desclée de Brower, Bruges, 1894.

LERNER, Michel-Pierre. "Le problème de la matière céleste après 1530: aspects de la bataille des cieux fluides", *Revue d'histoire des sciences*, 42/43 (1989) 255-280.

Lettres édifiantes et curieuses de Chine par des missionaires jésuites: 1702-1776, ed. I. e J. L. Vissière, Garnier-Flammarion, Paris, 1979.

LOYOLA, Ignace de. *Écrits* (ed. M. Giulinai), Desclée de Brouwer, 1991.

MAFFEO, Sabino. *The Vatican Observatory: in the Service of Nine Popes*, trad. G. V. Coyne, Vatican Observatory Publications, 2001.

MARTELET, Gustave. *Teilhard de Chardin, prophète d'un Christ toujours plus grand: primauté du Christ et transcendance de l'homme*, Lessius, Bruxelas, 2005.

MICHELET, Jules. *Des Jésuites*, Hachette, Paris, 1845.

NAUX, Charles. "Le P. Christophore Clavius (1537-1612), sa vie et son oeuvre", *Revue des questions scientifiques* 154 (1983) 55-67, 181-193 e 325-347.

Ratio studiorum, apres. A. Demoustier e D. Julia, trad. L. Albieux e D. Pralon-Julia, ed. M. M. Compère, Belin, 1997.

RAVIER, André. "Teilhard et l'expérience mystique d'après ses notes intimes", *Cahiers Teilhard de Chardin*, nº 8, 1974.

ROCHEMONTEIX, Camille de. *Un collège de jésuites au XVIIe e XVIIIe siècles: le collège Henri IV de La Flèche*, t. 4. Leguicheux, Le Mans, 1889.

ROMANO, Antonella. *La contre-réforme mathématique, Constitution et diffusion d'une culture mathématique jésuite à la Renaissance* (1560-1640), École Française de Rome, 1999.

SÃO FRANCISCO XAVIER. *Correspondance* (1535-1552). *Lettres et documents*, trad. e ed. H. Didier, Desclée de Brouvier, 1987.

TEILHARD DE CHARDIN, Pierre. *Oeuvres*, 13 vol., Seuil, Paris, 1955-1976; *Écrits du temps de la guerre*, Grasset, Paris, 1965; *L'oeuvre scientifique*, 11 vol., ed. K. e N. Schmitz-Moormann, Walter Verlag, Olten, 1971; *Notes de retraites: 1919-1954*, ed. G. H. Baudry, Seuil, Paris, 2003.

THUILLIER, Pierre. *D'Archimède à Einstein: les faces cachées de l'invention scientifique*, Fayard, Paris, 1988.

TOOHIG, Timoty. "Physics Research. A Search for God", in *Studies in the Spirituality of Jesuits*, março 1999.

UDÍAS, Agustín. *Searching the Heavens and the Earth: the History of Jesuit Observatories*, Kluwer Academic, Dordrecht, 2003.

WALLACE, William. "Jesuit Influences on Galileo's Science" in *The Jesuits II. Cultures, Sciences and the Arts. 1540-1773* (ed. J. O'Malley), University of Toronto Press, 2006, 314-335.

WOLFF, Larry. "Boscovich in the Balkans", in *The Jesuits II. Cultures, Sciences and the Arts,* 1540-1773 (ed. J. O'Malley), University of Toronto Press, 2006, 738-757.

ÍNDICE ONOMÁSTICO

Acosta, José 80-83, 95, 96
Acquaviva, Claudio 36
Agostinho, Santo 35, 82
Allègre, Claude 11
Aristóteles 12, 17, 19, 20, 22, 28, 32, 35-37, 39, 77, 78, 82, 96, 97
Ashworth, William 11, 96

Bachelard, Gaston 107
Baldini, Ugo 99
Bellarmino, Robert (*ver* Roberto Bellarmino)
Beretta, Francesco 39
Bernard-Maître, Henri 86
Berzée, Gaspard 79
Boné, Édouard 88
Boscovich, Roger 9, 47-52, 94, 107, 108
Bošković, Ruđer (*ver* Boscovich, Roger)
Boule, Marcellin 87, 88
Bouvet, Joachim 62, 63
Buffon, conde de 78

Cabeo, Niccolò 98
Carbonelle, Ignace 87
Cassini, Jean-Dominique 61
Cauchoix, Robert-Aglaé 70

Certeau, Michel de 100
Charles, Pierre 90
Chongzhen 59
Clau, Christoph (*ver* Clavius, Christoph)
Clavius, Christoph 9, 11, 16, 22-28, 32, 34-37, 48, 58, 59, 70, 94, 95, 101
Clemente XI 62
Clemente XIV 48
Colin, Élie 73
Colombe, Ludovico delle 35
Colombel, Augustin 65
Copérnico, Nicolau 11, 27, 28, 32, 34, 36, 37, 77
Corbally, Christopher 75
Cortie, Aloysius L. 72
Coudret, Hannibal du 18
Coyne, George 75

D'Alembert 49
Darwin, Charles 78, 86
Darwin, Erasmus 78
Dear, Peter 97
Dechevrens, Marc 65
Demiéville, Paul 62
Denza, Francesco 73, 74
Descartes, René 95

Diderot, Denis 78
Dini, Pietro 37
Dortous de Mairan, Jean-Jacques 64
Dumouchel, Étienne 70

Ertel, Traugott Lebrecht 70
Euclides 18, 23, 26, 32, 58, 62
Ezequias 29

Fabri de Peiresc, Nicolas-Claude 24, 40
Fantoli, Annibale 37
Faraday, Michael 51
Faura, Federico 72
Feingold, Mordechai 10
Felipe II 81
Fontaney, Jean de 61
Fortis, Luigi 70
Foucquet, Jean-François 63
Francisco Xavier, São 56
Fraunhofer, Josef von 70
Funes, José 75

Gabor, Paul 75
Galileu 11, 12, 21, 23, 27, 29, 31-40, 42-44, 59, 69-71, 74, 77, 95, 97
Gassendi, Pierre 24, 40
Gaubil, Antoine 57, 62, 63, 84, 85
Gerbillon, Jean-François 62
Giard, Luce 19
Giuliani, Maurice 99
Grandmaison, Léonce de 90
Grassi, Orazio 36
Gregório XIII 24
Grienberger, Christoph 28, 36, 48, 99
Grimaldi, Francesco 61
Guiducci, Mario 36

Hagen, Johann Georg 74, 75
Halde, Jean-Baptiste Du 85, 96

Han, dinastia 57
Harris, Steven 19, 61, 93
Haté, Achille 87
Heilbron, John 11, 98, 99
Heller, Michael 75
Hellyer, Marcus 98
Henrici, Peter 52

Inácio de Loyola, Santo 15, 16, 18, 19, 56, 79, 84, 99
Isaías 29
Isidoro de Sevilha, Santo 77

João Crisóstomo, São 82
Josué 29
Jussieu, Bernard de 85, 86

Kangxi 60, 62
Kepler, Johannes 34, 59, 69, 77
Kienlong 86
Kikwaya, Jean-Baptiste 75
Kircher, Atanásio 9, 39-45, 48, 95
Koyré, Alexandre 31

La Chaize, François de 61
Lalande, Jérôme 49
Lamarck, Jean-Baptiste 78, 86
Lana, Francesco 11
Landry-Déron, Isabelle 60, 62
Leão XIII 73
Le Chéron d'Incarville, Pierre 84, 86
Leibniz, Gottfried W. 39, 41, 98
Lejay, Pierre 65
Lerner, Michel-Pierre 28
Leroy, Pierre 88
Lesseps, Roland 102
Linné, Carl von 77
Lubac, Henri de 90
Luís XIV 61

ÍNDICE ONOMÁSTICO

Maelcote, Odon van 34
Maffeo, Sabino 74
Manare, Olivier 99
Martelet, Gustave 92
Mateus, São 28
Michelet, Jules 9, 93, 109
Ming, dinastia 57, 59
Montucla, Jean-Étienne 70
Mourgues, Matthieu 19

Nadal, Jeronimo 106
Naux, Charles 24
Newton, Isaac 12, 39, 47, 49, 51, 61
Noyelles, Charles 61

Ouince, René d' 90

Palissot, Charles 49
Pantoja, Diego de 58
Pardies, Gaston 61, 62
Parennin, Dominique 64, 66, 67
Pio XI 74
Plínio, o Ancião 77
Polo, Marco 56
Profit, Jim 102

Ravier, André 90
Respighi, Lorenzo 70
Ricci, Matteo 56, 58, 62, 66, 67
Riccioli, Giovanni Battista 61, 96
Roberto Bellarmino (santo) 35-37, 101
Romano, Antonella 27

Sacrobosco, Joannes de 18, 23, 27, 32, 58
Schall von Bell, Johann Adam 59, 60
Scheiner, Christoph 40, 48
Schmitz-Moormann, Karl e Nicole 88
Schreck, Johann (chamado Terrenz) 59, 85
Secchi, Angelo 70, 72
Stoeger, William 75

Teilhard de Chardin, Pierre 9, 10, 13, 86-92, 94, 98, 107, 108
Terrenz (*ver* Schreck, Johann)
Thuillier, Pierre 11
Toledo, Francesco de 80
Toohig, Timothy 108
Tycho Brahé 11, 20, 24, 28, 36, 37, 77

Udías, Agustín 69, 72, 100
Urbano VIII 36
Ursis, Sabatino de 58

Valensin, Auguste 90
Verbiest, Ferdinand 60-62
Voltaire 96

Wallace, William 32
Wolff, Larry 50

Xu Guangqi 58, 59

Yuan, dinastia 57

Edições Loyola

editoração impressão acabamento

Rua 1822 n° 341 – Ipiranga
04216-000 São Paulo, SP
T 55 11 3385 8500/8501, 2063 4275
www.loyola.com.br